일터의 설계자들

일터의 설계자들

초판 1쇄 발행 2023년 1월 25일
초판 6쇄 발행 2024년 7월 30일

지은이 나하나
펴낸이 권미경
편집장 이소영
편집 박소연
마케팅 심지훈, 강소연, 김제이
디자인 THISCOVER
펴낸곳 ㈜웨일북
출판등록 2015년 10월 12일 제2015-000316호
주소 서울시 마포구 토정로47, 서일빌딩 701호
전화 02-322-7187 팩스 02-337-8187
메일 sea@whalebook.co.kr 인스타그램 instagram/whalebooks

ISBN 979-11-92097-38-1 (03320)

소중한 원고를 보내주세요.
좋은 저자에게서 좋은 책이 나온다는 믿음으로, 항상 진심을 다해 구하겠습니다.

PLAN 1
일터를 설계하다

PLAN 2
일터의
언어를 만들다

일터의 설계자들

PLAN 3
일터의 처음과
끝을 짓다

PLAN 4
일터를 완성하다

우아한형제들의 히든팀, 피플실
일하는 문화를 디자인하다

나하나 지음

whale books

차례

PLAN 1.
일터를 설계하다
: 언택트 시대, 다시 일 문화를 연결하는 법

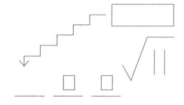

PLAN 2.
일터의 언어를 만들다
: 사내 커뮤니케이션 패러다임 혁신 전략

PLAN 3.
일터의 처음과 끝을 짓다
: '일하기 좋은' 경험을 만드는 방법

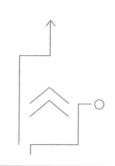

PLAN 4.
일터를 완성하다
: 100-1=0, 비효율적이어도 반드시 지켜야 할 것

일러두기

- 우아한형제들은 직원을 '구성원'으로 부릅니다. 이에 따라 본문에서도 우아한형제들을 설명하는 경우 구성원으로, 그 외에는 '직원'으로 통일하였습니다.

포스트 코로나 시대, 왜 일 문화에 주목하는가

'일'과 관련된 책이나 유튜브 영상, 콘텐츠들이 점점 늘어나는 걸 보면서 일을 바라보는 태도가 과거와 지금이 많이 달라졌음을 느낍니다. 일과 삶의 균형을 추구하던 워라밸Work-Life balance을 넘어서 일과 삶을 융합하는 워라블Work-Life Blending을 추구하는 경향이 생기기도 했습니다.

또한 코로나19 사태로 직장인들이 대거 그만두는 대퇴사 시대The Great Resignation라는 큰 바람이 지나간 뒤, 최근에는 직장을 그만두지는 않지만 정해진 시간과 업무 범위에서만 일하고 그 외의 일은 거부하는 조용한 사직Quiet Quitting이라는 새로운 모습도 나타났습니다. 이런 빠른 흐름들은 직장인들이 회사에서 소중한 직원 한 명으로 존중받는 것이 아니라, 소모품이 되어 지쳐가고 있다는 반증이 아닐까요.

우아한형제들에서 마케터로 일했던 김규림, 이승희 작가

는《일놀놀일》에서 일은 돈을 버는 수단을 넘어 '나'라는 사람을 만들어주는 모든 활동이라고 말합니다. 이제 사람들은 단순히 좋은 복지 제도와 높은 연봉으로 회사를 선택하지 않습니다. 동료와 함께 일하는 것이 즐거운지, 회사와 일이 자신의 가치관에 맞는지 살피면서 자신들의 기준에 맞는 '좋은' 회사, '재미있는' 일을 찾습니다. 회사가 자신의 삶에 지대한 영향을 미치는 부분이 되었기 때문입니다. 이런 거센 변화 앞에서 회사는 인재를 영입하기 위해, 더 큰 성과를 내기 위해 사람들에게 매력적으로 보이는 일터를 만드는 게 중요해졌습니다.

위기 상황에서 조직의 성공을 결정하는 것

영화 〈소울〉은 뉴욕의 한 학교에서 음악 선생님으로 일하는 '조'가 꿈에 그리던 최고의 밴드와 연주하게 된 날, 예기치 못한 사고로 영혼이 되어 태어나기 전의 세상에 떨어지게 되며 겪는 이야기입니다. 인간으로 탄생하기 전 영혼들은 일명 '멘토'와 함께 자신의 성격과 관심사를 발견하면 지구로 갈 수 있는데, '조'는 그곳에서 좋아하는 것이 무엇인지 알 수 없고 유일하게 지구에 가고 싶어 하지 않는 영혼 '22'의 멘토가 됩니다. 영화는 밴드 연주를 하기 위해서 지구 통행증이 필요한 '조'와 영혼 '22'의 동행을 담았습니다. 원대한 목표와 비전을 찾느라 눈앞에 있는 따뜻한 행복의 순간을 놓치지 말라는 〈소울〉의 메시지를 통해 저도 마음의 위로를 받았습니다. 그런데 코로나19 사태로 영화계가 침체되어 있던 2021년, 개봉 54일 만에 200만 관객을 넘기며 흥행에 성공한 〈소울〉은 픽사가 처음으로 재택근무로 만든 영화라는 사실을 아시나요? 영화 한 편을 완성하기 위해 해야 하는 소통이 셀 수 없을 만큼 많을 텐데, 어떻게 회사에 나오지 않고도 영화를 완성했을까요.

픽사의 김재형 애니메이터는 한 매체와의 인터뷰에서 철저하게 분업화된 시스템과 활발한 소통 덕분에 협력이 잘 되었다고 했습니다. 소통이 불편하고 원활하지 않을 때도 있었지만 최선을 다해 협력했고, 〈소울〉을 완성하기 위해 모두가 소통이라는 문제에 힘썼다고 말이죠. 김재형 애니메이터의 인터뷰에서도 알 수 있듯이 일하는 환경에 상관없이 일을 잘해내기 위해서는 '협력'과 '소통'이 중요합니다. 너무 당연한 이야기인데, 그 당연한 것이 제일 어렵습니다. 픽사는 창립 초기부터 데일리스, 브레인 트러스트 등 전 직원들이 함께 작품과 업무에 대해 이야기를 나누고 필요한 것들을 공유하는 소통 문화를 만들었습니다. 코로나19 사태로 갑작스럽게 업무 환경이 바뀌었음에도 불구하고 픽사가 이 문화를 멈추지 않고 운영하려고 노력한 덕분에 시대가 달라져도 흔들리지 않고 성공할 수 있었던 것입니다.

일 문화는 우선순위가 되어야 한다

픽사의 사례처럼 매력적인 일터, 일하기 좋은 일터에서는 어떤 충격에도 일 잘하는 조직이 되게 하는 특별한 점을 찾을 수 있습니다. 사람들이 다니고 싶은 회사, '좋은' 회사는 연봉이 높고 복지가 잘된 회사만을 가리키는 것이 아닙니다. 자발적으로 몰입하며 일과 자신의 가치를 느낄 수 있는 조직 또한 다니고 싶은 회사, 좋은 회사입니다. 최근 기업들이 자신들의 일 문화에 더 심혈을 기울이는 이유기도 하죠. 과거와 달리 이제 사람들은 과거의 일 문화를 고집하는 조직에서 더 이상 열정을 태우지 않으며 일하거나 더 나은 일 문화를 가진 회사로 떠납니다. 회사의 성장과 함께 일 문화를 고려하지 않는다면 회사가 직원들의 사랑을 받기 어렵게 되었습니다.

우아한형제들의 남다른 일 문화를 배우고 싶어 하는 많은 회사가 피플실을 찾아옵니다. 삼성, LG, SK 등 대기업부터 스타트업, 공공기관에 이르기까지 규모에 상관없이 일 문화를 고민하는 모습을 통해 이제 일 문화는 회사가 어느 정도 성장한 뒤 여유가 생기면 시작하는 '후순위'가 아니라 지속 가능한 성장을 위해 반드시 해야 하는 '우선순위'로 앞당겨졌음을 실감합니다. 그들 대부분이 이런 질문을 합니다.

"우아한형제들은 리더들의 관심이 높기 때문에 이런 일 문화가 가능한 것 같아요."

"저희 조직은 일 문화를 위해 쓸 수 있는 예산이 제한적이에요. 돈 들이지 않고 직원들에게 행복한 경험을 줄 수는 없을까요?"

피플실에서 일 문화를 만들며 깨달은 것이 있습니다. 우리 피플실의 고객인 구성원을 향한 진심과 꾸준하고 세심한 노력이 일 문화에 가장 중요한 에너지라는 것입니다. 그 사실이 일 문화를 둘러싼 수많은 변수 속에서도 우리가 흔들리지 않고 앞으로 나아갈 수 있는 힘입니다. 그동안 우아한형제들의 일 문화를 배우러 온 다른 회사 조직 문화 담당자들을 대상으로 일 문화의 중요한 본질을 모두 전달하는 일은 쉽지 않았습니다. 시간이 제한되어 있었기 때문입니다. 그래서 피플실이 일하는 모습을 기록으로 남기기로 했습니다. 그래서 더 많은 이가 지금보다 조금 더 행복한 일터에서 일할 수 있도록,

그런 일터를 만들 수 있도록 도움이 되기를 바라는 마음으로 글을 쓰기 시작했습니다.

어쩌면 이 책은 이런 질문을 하는 사람들을 위한 책일지도 모르겠습니다. 일 문화를 실제로 가꿔나가는 조직 문화 담당자, 좋은 일 문화를 만들고 싶은 리더, 두 팔 걷고 나의 일터를 개선하고 싶은 일 잘하고 싶은 직원, 일 문화에 진심인 마음이 모여 변화를 일으키고 싶은 사람들 말입니다. 저는 이 책에서 리더의 관심이 적고 예산에 한계가 있더라도 당장 실천해 볼 수 있는 경험을 공유하려고 합니다. 작지만 꾸준하고 세심한 이런 노력들이 직원 한 명 한 명에게 전해지고, 그것이 퍼져서 나의 일터를 설계할 수 있다는 믿음을 전하고 싶습니다. 책에 담긴 사례들이 우리다운 일 문화를 만들어가는 이들에게 작은 도움이 되길 바라봅니다. 그래서 우리도 한번 해볼 수 있다는 마음이 들면 좋겠습니다. 그 마음 덕분에 여러분의 일터가 언젠가 조금 더 일하기 좋은 곳으로 변할 수 있기를, 그리고 꼭 조직 문화 담당자가 아니더라도 일터에서 동료와 관계를 맺고 자신의 목표를 향해 달려가는 이들에게 이왕이면 일터에서 행복하게, 함께 일하기 위한 영감을 얻을 수 있는 책이 되길 바랍니다.

우리만의 일 문화는 어떻게 만들까

저는 여기에 일하기 좋은 문화를 만들어가는 일터의 설계자들, 피플실의 일에 관한 이야기를 담았습니다. 그 이야기는 우아한형제들다운 일 문화를 가꿔나가기 위해 제가 피플실에서 실제로 경험하고, 코로나19 사태로 업무 환경이 변하고 새로운 구성원들이 입사해 분위기가 시시각각 바뀌면서도 우리다움을 잃지 않으며 일 문화를 만들기 위해 한 고민과 과정의 기록입니다.

이 책은 총 4부로 이루어졌습니다. 1부에서는 코로나19 사태로 한국을 포함해 전 세계적으로 업무 환경에 급격한 지각변동이 이뤄지고, 이런 변화를 통해 일을 대하는 사람들의 태도까지 달라진 지금, 우리다운 일 문화를 담은 일터를 만들려면 어떻게 해야 하는지, 전망과 조언을 나누었습니다. 우아한형제들의 일 문화를 만드는 피플실이라는 조직의 존재 이유와 하는 일을 통해 사소하게 여겨질 수 있는 일 문화가 어떻게 회사에 긍정적인 영향력을 발휘할 수 있는지를 알 수 있을 것입니다. 1부를 읽고 일터에 대한 생각을 새롭게 정의내릴 수 있는 계기가 되길 바랍니다.

2부에서는 일터를 설계하는 과정에서 가장 중요하고 어려운 소통에 관한 것입니다. 우아한형제들은 '잡담을 많이 나누는 것이 경쟁력이다'라는 슬로건이 있을 정도로 구성원들과의 친밀한 관계와 소통을 중요하게 생각합니다. 타운 홀 미팅 같은 오프라인 전사 소통 방법부터 언택트 시대에 직원들과 단절되지 않고 연결되기 위해서 피플실이 했던 온라인 소통 채널을 구축하는 법까지 현장에서 바로 적용할 수 있는 구체적인 방법들을 수록했습니다.

3부에서는 일터의 처음과 끝이라고 할 수 있는 온보딩, 오프라인 문화에 대한 설명입니다. 일 문화는 일하는 동안에만 한정되지 않습니다. 신규 입사자가 일을 시작한 때부터 직원이 마지막으로 퇴사하는 날까지 우리의 일 문화가 작동합니다. 현재 일하고 있는 직원들의 유대감을 쌓기 위해 조금 특별한 전사 행사를 기획하는 노하우도 수록했습니다. 기업이 처음 회사에 들어온 사람들의 안정적인 조직 적응을 위해 최선을 다하고 다시 우리의 고객이 될 퇴사자에게 좋은 인상을 남길 수 있다면 일터에 심리적 안정감을 높여 회사에 대한 직원들의 신뢰는 더욱 커질 것입니다.

4부에서는 일하기 좋은 일터의 마침표, 사람에 관한 이야기입니다. "나도 누군가에게 회사다"라는 우아한형제들의 슬로건처럼 직원 한 명 한 명이 조직에 미치는 영향은 매우 큽니다. 결국 일 문화를 결정 짓는 것은 일하는 우리입니다. 일 잘하는 문화를 느끼고 싶은 사람들에게는 이 4부를 통해 자신의 태도를 점검하고, 좋은 동료를 발견하는 렌즈를 가지는 기회를 얻게 될 것입니다. 또한 하루의 대부분을 보내는 일터에서 스스로 일 잘하는 사람으로 성장하고, 이런 일 잘하는 문화가 오래 퍼질 수 있도록 기록하는 태도의 중요성에 대해서도 강조하려고 합니다. 책을 덮은 뒤 따뜻한 응원이 마음속에 전달되길 바랍니다.

좋은 일 문화는 진심에서 시작한다

소프트웨어 개발자들이 진행하는 유튜브 채널, '개발바다'에서 우아한형제들 김범준 전 대표가 한 인터뷰가 생각납니다. 오랫동안 엔씨소프트를 다니던 그는 문득 자신의 능력이 엔씨소프트에서만 유효한 것이 아닌지 회의감이 들어 우아한형제들로 이직을 결심하게 되었다고 합니다. 저 역시 비슷한 고민을 했습니다. 어쩌면 나는 창업자와 구성원들이 잘 가꿔온 좋은 밭을 물려받아 나의 능력보다는 조직의 유효한 능력으로 이 일을 안정적으로 해오고 있는 것은 아닌지 깊게 고민하기도 했습니다. 그러나 좋은 토양과 씨앗을 잘 키우고자 하는 저와 피플실, 구성원들의 진심이 지금의 우리다운 문화를 이어올 수 있는 힘이었습니다. 우아한형제들이라는 비옥

한 토양 덕분에 무엇이든 해볼 수 있는 기회를 얻었고, 그 기회를 놓치지 않기 위해서 또 그 토양과 씨앗이 잘 자라도록 매 순간 피플실 동료들, 구성원들과 함께 열심이었기 때문에 지금도 이 일을 잘할 수 있다고 생각합니다.

이 책은 일 문화를 가꿔가는 일을 업으로 삼은 저에게는 회고이고, 피플실의 일과 그 일이 어떤 영향력을 미치는지 공부한 결과물이기도 합니다. 제가 일 문화를 연구하며 영감을 많이 받은 책들도 소개하고 있으니, 함께 읽어 보기를 추천합니다. 처음부터 순서대로 읽어도 좋고, 목차를 펼쳐 지금 당장 고민인 부분을 찾아 먼저 읽는 것도 추천합니다. 이 책이 일 문화가 고민인 여러분에게 필요할 때마다 참고서처럼 꺼내볼 수 있는 마음 든든한 도구가 되면 좋겠습니다.

마지막으로 이 책은 일하기 좋은 일터를 만들기 위해 진심인 피플실 동료들 덕분에 완성할 수 있었습니다. 구성원들의 사소한 말 하나도 놓치지 않고 기억해 두었다 챙기는 섬세한 사람들. 다른 사람의 불편을 그냥 두고는 못 지나치는 '오지라퍼'들. 소소한 행복이 만드는 기쁨을 잘 알고 사소한 것에도 감동받고 감동을 줄 줄 아는, 마음을 잘 쓰는 사람들, 구성원들이 행복하고 즐겁게 일할 수 있는 일터를 위해, 치열하게 고민하고 열심인 피플실 동료들 덕분입니다.

피플팀이 탄생해 지금의 피플실로 이어지기까지 집요하

고 꾸준한 노력으로 우리만의 역사를 만들어온 연주 님, 나영 님. 우아한형제들답게 소통하는 문화를 만들기 위해, 우리 팀부터 좋은 팀이 되기 위해 노력하는 최강의 동료가 모인 컬처 커뮤니케이션팀, 따뜻하고 세심한 온보딩 문화를 만드는 온보딩팀, 우아한형제들다운 구성원 경험을 조직 사이사이 채워나가는 컬처경험팀, 피플실보다 더 진심으로 일하기 좋은 문화를 만들기 위해 동참해주는 우아한 리더 그리고 구성원 덕분에 이 글을 쓸 수 있었습니다. 그리고 퇴근 후 다시 작가로 돌아가는 아내와 엄마를 위해 함께 놀고 싶은 마음을 꾹 참고 기다려준 나의 가족 종호, 가빈, 건우에게도 고마움을 전합니다.

언제나 함께 일하고 싶은 좋은 동료이고픈
나하나 드림

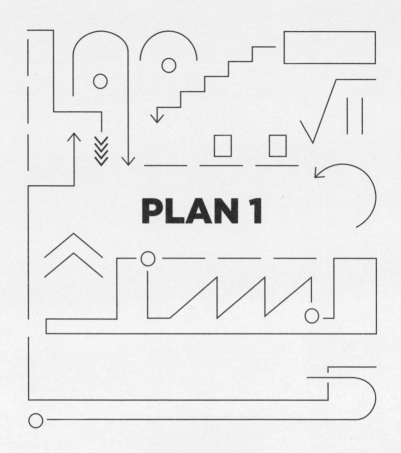

PLAN 1

일터를
설계하다

: 언택트 시대, 다시 일 문화를 연결하는 법

새로운 회사를
상상한 사람들

코로나19 사태를 한마디로 말하면 '변화의 연속'이라고 할 수 있다. 전문가들이 패턴을 읽고 예측을 하더라도 변수가 생겼기에 일상의 모든 것이 당황스러웠다. 특히 나는 대면하며 일하는 방식에 익숙했고, 피플실의 역할도 구성원들이 같은 공간에서 서로 섞이며 우아한형제들의 일 문화를 느낄 수 있게 하는 것이었는데, 코로나19 사태 이후 그동안의 관성을 깨고 다시 일을 들여다봐야 했다. 덜컥 겁이 났다. 1년간의 육아휴직으로 생긴 공백기 때문에 자존감이 낮아진 상태에서 이런 변화를 맞닥뜨리자, 어쩌면 피플실과 비슷한 일을 하는 팀이나 나처럼 일 문화를 만드는 직업이 필요 없는 때가 온 게 아닌지 걱정스러웠다. 하지만 일하기 좋은 문화를 만든다는 내 일의 의미와 목적을 믿고 앞으로 피플실이 해야 할 일을 하나씩 해보기로 했다.

우아한형제들이 유동적으로 재택근무를 시작한 2020년 3월부터 2022년 10월까지, 나 또한 약 2년 동안 재택근무, 즉 온택트ontact(on과 contact의 합성어로 온라인을 통해 소통하는 것을 말한다) 방식으로 일했다. 그동안 기존과는 다른 방식으로 우아한형제들의 일 문화를 만들면서, 업무 환경이 바뀔 때는 비대면으로 일할 수 있는 시스템 못지않게 구성원들과 깊이 연결된 일 문화가 필요하다는 걸 깨달았다. 구성원들이 물리적으로 만날 수 없는 상황에서 일 문화를 제대로 공유하지 않거나 문화적 유대감이 약한 조직은 더 큰 어려움을 겪을 수밖에 없었다.

2020년 9월 피플실은 컬처커뮤니케이션팀이라는 새로운 팀을 만들고 각 조직의 리더들이 구성원들과의 비대면 소통에서 겪는 어려움을 수집했다. 우리는 이들이 우아한형제들의 일 문화는 어떤 소통 방식을 지향하는지 경험할 수 있도록 콘텐츠를 만들어 운영했다. 그 결과 비대면으로 일하며 겪는 소통의 어려움을 해결했을 뿐 아니라 재택근무로도 일하기 좋은 문화를 정착시킬 수 있었다.

이 경험을 계기로 일하기 좋은 것은 물론 성과까지 잘 내는 기업이 되기 위해서는 일 문화가 중요하다는 확신이 생겼다. 아마 전 지구인이 함께 맞이한 이런 큰 변화가 없었다면, 일 문화를 가꿔나가는 직업인으로서 앞으로 어떻게 생존해야 할지 고민하는 날이 이렇게 빨리 찾아오지는 않았을 것이다. 이미 잘 가꿔진 밭을 가꾸는 데만 몰두하며 안정감을 느꼈을 지도 모른다.

코로나19 사태 이후 기업은 물론 일과 직장을 대하는 직원들의 마음가짐과 태도까지 완전히 달라졌다. 기업은 더 좋은 인재를 영입하기 위해, 또 일 잘하는 직원의 이탈을 막기 위해 일 문화에 투자하지 않으면 안 되는 때가 왔다. 서울대학교 소비트렌드분석센터는 일에 대한 개인, 조직, 시스템의 변화가 매우 폭발적인 현재 상황을 오피스 빅뱅office bigbang이라고 진단했다. UCL 경영대학원의 앤서니 클로츠Anthony Klotz 부교수는 코로나19 사태 이후 미국 노동자들의 퇴사율이 급격히 증가한 것을 토대로 대퇴사 시대를 예견했다. 최근에는 미국에서 시작된 일명 조용한 사직이 전 세계적으로 화제가 되고 있다.

급여 및 보상이 높은 것은 당연하고, 일하기 좋은 공간과 복지 제도는 기본이라 말하는 직원들이 크게 늘었다. 하지만 기업에 병원과 미용실을 짓고, 골프 회원권을 선물하는 등의 복지 제도만으로는 직원들의 이탈을 막고 좋은 인재가 오래 일하는 기업이 될 수 없다. 기업은 시장과 성과에 따라 위기를 겪는다. 그럴 때도 높은 수준의 복리 후생 제도를 유지할 수 있을까?

그러므로 기업이 직원들과 함께 일하는 방식을 고민하고, 기업이 중요하게 생각하는 가치를 직원들에게 전달하려는 노력을 먼저 기울여야 물리적인 보상 체계가 없어도, 예측 불가능한 시대에 끝까지 살아남을 수 있다. 요즘 인재들은 기업을 선택할 때 어떤 가치 아래 일하는지, 그것이 실제로 기업에 얼마나 반영되어 있는지를 중요하게 여긴다. 그리고 SNS를 통해, 실제로 그 기업을 다니고 있는 사람들을 만나 기업의 진짜 문화를 탐색한다.

팀원들의 마음을 모으기 위해서는 조직 내 구성원의 의사 결정의 방향을 잡아줄 '철학'이 필요하다. 다른 말로 비전이라고 할 수도 있겠다. (⋯) 포스트 코로나 시대에 접어들어 거대 사옥도 사라지고 같은 시공간을 나누는 출근 문화도 없어진다면 회사는 거대한 프리랜서의 집단과 같아질 것이다. 이러한 흩어진 개인들을 묶을 수 있는 방법은 기업 철학밖에 남지 않는다. 재택근무의 비중이 늘어날수록 기업 철학이 없는 기업은 생존이 어려워질 것이다.

— 유현준, 《공간의 미래》

이제 인재 영입과 복지 제도, 교육을 넘어 일터에서 겪는 직원들의 문화적 경험을 세심하게 살피고 전략적으로 연결하는 것이 기업의 경쟁력이 되었다. 피플실의 목적 역시 일 문화에 스토리를 더하고, 우아한형제들이 중요하게 여기는 가치를 위해 꾸준히 노력하는 모습을 구성원들에게 보여줌으로써 그들이 기업에 애정을 가지도록 하는 것이다.

2020년 3월, 1년간의 육아휴직을 끝내고 그동안 멈춰 있던 일 근육을 꿈틀하기도 전에, 한 번도 해보지 않은 재택근무 방식으로 복직했다. 내가 그토록 좋아하던 몽촌토성역의 올림픽공원이 내려다보이는 큰집(우아한형제들의 본사)이 아니라, 아이 방 한편에 자리 잡은 밥상 위 노트북에서 일을 시작했다. 일 문화를 만드는 것이 내 업무인데, 낯선 환경에 적응부터 해야 하니 막막했다. 휴직 전에 같이 일해보지 않은 구성원에게는 어떻게 다가가야 할지, 지금 일하고 있다는 걸 어떻게 증명해야 할지 걱정스러웠다. 하지만 재택근무에 점점 익숙해지며 어느덧 2년의 시간이 흐른 지금까지 여전히 구성원들과 함께 일을 잘해나가고 있다.

영미권에서는 코로나19 사태 이전부터 재택근무 등 리모트 워크remote work(원격 근무)에 익숙한 기업이 많다. 특히 웹페이지를 만드는 워드프레스를 개발한 미국의 오토매틱Automattic은 2005년 창업 초기부터 리모트 워크로 시작했다. 하지만 유독 한국은 IT 강국이라 불릴 만큼 회사 밖에서 일을 하는 데 무리 없는 네트워크 환경을 잘 갖추고 있음에도 제도를 도입

하는 데 굉장히 소극적이었다. 그런데 코로나19 사태로 반강
제적으로 리모트 워크를 시행할 수밖에 없게 되자 기업들은
자신들의 일 문화를 새롭게 정립하고 더 나은 일 문화를 만들
기 위해 고민하기 시작했다.

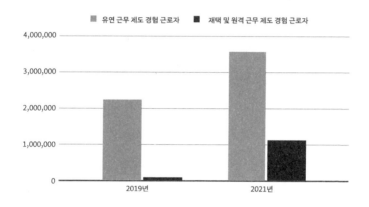

2019년 8월 경제활동 인구조사 근로 형태별 부가 조
사 결과를 보면 유연 근무 제도를 경험한 근로자가 221만
5,000명으로 전체 임금 근로자 중 10.8퍼센트를 차지한다. 이
중 재택·원격 근무 제도 경험자는 4.3퍼센트로 9만 5,000명에
불과했다. 코로나19 사태 이후는 어떨까? 2021년 조사 결과
유연 근무 제도를 활용하는 근로자는 353만 4,000명으로 전체
임금 근로자의 16.8퍼센트를 차지한다. 주목할 만한 것은 이
들 중 재택 및 원격 근무 제도 경험자가 32.3퍼센트인 114만

명으로 코로나19 사태 이전과 비교해 압도적으로 늘어났다는 사실이다. 불과 2년 사이에 유연근무제도를 활용하는 근로자들 중 재택이나 원격 근무로 일하는 이들의 비중이 4.3퍼센트에서 32.3퍼센트로 증가했다.

재택근무 가이드를 잘 만들어 새로운 룰로 정착시킨 기업도 있고, 계속 여러 형태의 근무 제도와 업무 방식을 적용하는 기업도 있다. 수십 년간 일해온 패턴을 바꾸는 일이니 단번에 안정적으로 자리 잡히기는 어려울 것이다. 하지만 환경이 변했다고 일하기 좋은 문화를 만드는 것에 관련해 중점을 둬야 하는 부분이 달라질까?

앞서 영화를 재택근무로 만들어낸 픽사와 디즈니의 사례에서 볼 수 있듯 기업의 일 문화가 잘 자리 잡혀 있다면, 업무 환경이 바뀌더라도 시너지를 낼 수 있다. "우리는 어떻게 일하는 기업인가?"라는 질문이 어떤 상황에서든 일을 잘하려면 어떻게 해야 하는지 묻는 것보다 먼저다. 이를 기반으로 포스트 코로나 시대에 우리 기업의 일 문화를 유지할 수 있는 경험을 만들어야 한다.

일하는 방식이 달라지는 건 당연하다. 사실 재택 · 원격 근무의 핵심은 IT 솔루션이 아니다. 이미 업무를 클라우드 기반 소프트웨어로 처리하고, 문서 결재 시스템과 업무용 모바일 메신저를 이용하는 기업들이 많다. 화상회의 솔루션도 많이 쓰고 있다. 하지만 이것만 있다고 일이 되는 게 아니다. 결국은 조직 문화가 중요하다. 비대면 상황에서도 효율성을 가질 수평적인 조직 문화가 필요하고, 특히 성과를 명확히 측정하고 평가하는 것도 필수다.

— 김용섭, 《언컨택트》

일을 하는 모습이 달라진 것뿐이다. 우리 기업만의 일 문화를 정리하기도 전에 변화하는 시대에 맞춰 일 잘하는 법, 가이드를 고민해서는 안 된다. 그러면 형식에 쫓겨 알맹이는 없이 겉만 번지르르한 문화가 되고 만다.

회사의 미래가 달라지다

나는 재택근무를 하며 그동안 출퇴근에 든 시간과 체력 소모가 줄어서 업무에 조금 더 집중할 수 있었다. 실제로 여러 재택근무 만족도 설문 결과에서 많은 이가 업무 효율성이나 생산성이 높아졌다고 응답한다. 또 퇴근 이후의 삶을 구체적으로 그려보고 실행할 수 있게 되면서 일과 삶의 균형에 관심이 크게 늘었다. 실제로 코로나19 사태 이후에 자기 계발과 관련된 콘텐츠가 증가했고 출퇴근 전후 시간을 온전히 나에게 집중하며 더 의미 있게 보내는 미라클 모닝 같은 각종 챌린지가 생겼다. 그러나 재택근무에 장점만 있는 것은 아니었다.

"요즘 다들 예민해진 것 같아요."
"얼굴 보고 이야기 나누면 쉽게 해결될 문제인데, 사소한 갈등이 많이 생기는 것 같아요."
"다들 잘 지내고 있는지 모르겠어요."
"화상 미팅할 때 비디오를 끄는 사람들이 많아서, 얼굴 못 본 지 한 달이 다 되어가는 분도 있어요."

재택근무를 해봤다면 다들 한 번쯤 느낀 점일 것이다. 나도 메신저로 여기저기 안부를 물으며 구성원들과 대화를 나누다 이들이 공통적으로 느끼는 불편을 알게 되었다. 예를 들어 대면해서 쌓은 관계 덕분에 쉽게 해결되었을 사소한 문제로 갈등의 골이 깊어지거나, 서로 어떻게 커뮤니케이션해야 할지 혼란스러워했다. 우아한형제들은 얼굴을 맞대고 안부를 묻고 함께 호흡하던 그동안의 일 문화를 바꿔야 했다. 고민이 깊어질수록 나는 우아한형제들의 일 문화가 지닌 장점, 소통 방식, 일 문화의 본질에 더욱 집중했다.
특히 우아한형제들은 일 문화를 담은 그릇, 오피스 공간에서 특유의 일 문화를 느낄 수 있는 경험이 많은데 공통된 공간을 이용할 수 없고, 소통이 단절된 상황에서 어떻게 서로 연결할 수 있을지 고민했다.

리더들은 재택근무를 시작한 이후 소통할 때 느끼는 어려움으로 잡담도 나누고 소소하게 대화를 나누던 전과 달리 정말 '업무만' 한다는 것을 꼽았다. 우아한형제들의 일 문화를 소개하는 〈송파구에서 일을 더 잘하는 11가지 방법〉에는 '잡담을 많이 나누는 것이 경쟁력이다'라는 문구가 있다.

아예 포스터로 만들 정도로 잡담은 우아한형제들의 핵심 문화 중 하나다. 여기서 말하는 잡담은 단순히 웃고 떠드는 일을 의미하는 것이 아니다. 우아한형제들에서 말하는 잡담은 동료와 신뢰를 쌓는 데 필요한 원료다. 구성원들 간의 유대감을 높이고, 그렇게 쌓인 유대감을 바탕으로 더 잘 협업할 수 있게 한다. 우아한형제들의 김봉진 의장은 한 인터뷰에서 우리의 잡담 문화를 이렇게 말했다.

소소한 잡담은 유대 관계를 형성하고, 이는 신뢰로 발전할 수 있죠. 잡담과 수다의 특징은 하고 난 후 내용은 생각나지 않는다는 거예요. 다 잊어버리고 그 사람과 내가 같은 시간을 보냈다는 유대감만 남지요.

그런데 사실 일할 때는 그 유대감이 되게 중요하거든요. 밥이라도 한 번 먹어본 사람과 일하는 것과 소소한 얘기도 한 번 안 해본 사람하고 갑자기 일하는 거랑 다르잖아요. 그런 이유로 잡담을 수시로 많이 나누게 해요. 그 안에서도 정보들이 오가고요. 잡담을 많이 나누면 좋은 게, 보고를 하거나 결정해야 할 때 무겁지 않게 얘기할 수 있더라고요. 사전에 가볍게 물어봤으니 조금이라도 편하게 이야기를 꺼낼 수 있죠. 그래서 잡담이 경쟁력이라고 생각해요.

- 홍성태, 《배민다움》

나는 잡담 문화와 같이 우아한형제들의 경쟁력이던 일 문화를 다시 잘 작동시키기 위해, 재택근무로 서로 떨어져 있어도 우리답게 문화를 공유하기 위해, 컬처커뮤니케이션팀 동료와 여러 레퍼런스를 참고하며 치열하게 토론했다. 그 결과 그동안 잘해왔던 우아한형제들다운 경험의 형태를 하나씩 바꿔보기로 했다. 그중 가장 먼저 시도해본 것이 오프라인 공간에서 자연스럽게 형성되었던 잡담 문화를 온라인 공간으로 옮기는 것이었다. 그렇게 새로운 소통 문화를 만들어간 경험을 소개해 보겠다.

좋은 일 문화의 출발, '다가가기'

지금도 새롭게 바뀌는 업무 환경과 제도에 맞춰 우아한 형제들은 어떻게 일할지 고민한다. 이 모든 논의의 중심에 우아한형제들의 핵심 가치core value와 일 문화가 있다. 이렇게 유지할 것과 변화시켜야 할 것을 정하는 기준이 있기 때문에 우아한형제들이 계속 앞으로 나아갈 수 있다고 생각한다. 이렇게 기업에 확실하게 정립되고 공유된 문화가 존재하면 시대가 바뀌더라도 우리다운 일 문화를 어떻게 적용해야 할지 힌트를 얻을 수 있다. 그렇게 되면 일 문화가 잘못된 방향으로 흘러갈 확률이 낮아지고, 제대로 된 길을 빨리 찾을 수 있다.

많은 이가 "재택근무로 일하기 좋은 문화를 만들려면 어떻게 해야 하나요?" "○○ 근무 제도를 도입하려고 하는데 어떻게 소통해야 하나요?" 같은 질문을 한다. 나는 그것들을 고민하기 전에 기업이 중요시하는 핵심 가치, 원칙 혹은 일하는 방법이 무엇인지 본질을 들여다보면 실마리를 얻을 수 있다고 대답한다. 재택근무든 하이브리드 근무hybrid work(원격근무와 사무실 출퇴근을 혼합한 근무 형태)든 지켜야 할 가치에 집중하면 바꾸지 말아야 할 것이 보인다.

2022년 6월 메타버스 플랫폼 오비스와 인크루트가 직장인 830명을 대상으로 한 조사에 따르면, 재택근무 때문에 느낀 어려움으로 '정보의 불균형' '설득과 이해를 위한 대화' '소속감 및 유대감 감소'를 꼽은 응답자가 많았다. 이런 점들은 시스템이나 제도를 정비하는 것도 중요하지만 '우리답다'고 느끼는 가치를 생산하고 전달하는 방식, 즉 기업의 일 문화로 해결해야 하는 문제다.

김용섭 경영 전략 컨설턴트는 "언콘택트는 단절하는 게 아니라 연결될 타인을 좀 더 세심하게 선택하는 것이다"라고 말했다. 나는 이 말을 일 문화를 만드는 사람의 관점에서 이렇게 재정의하고 싶다.

"언콘택트는 단절하는 게 아니라 연결될 구성원에게 좀 더 세심하게 다가가는 것이다."

조금 더 전략적이고 세심하게 직원들과 연결되기 위한 방법을 기업이 고민해야 할 때다. 회사에 나오지 않아도, 서로가 같은 공간에서 섞이지 않아도 직원들이 소속감을 느끼고, 자신들이 기업과 함께 나아가는 방향을 알게 해야 한다. 눈에 보이지 않는 연대 문화까지 잘 구축하는 것이 지금 시대에 필요한 일 문화의 방향이다.

일 문화는
'소나기 말고 가랑비처럼'

우리다움이 직원들에게 스며들면 생기는 일

일 문화가 직원들에게 잘 스며들도록 하려면 경험 사이클이 중요하다. 입사부터 퇴사까지 일터에서 마주하는 매 순간 크고 작은 경험이 순환되어야, 기업과 직원들이 영향력을 주고받으며 강력한 문화적 유대 관계를 쌓을 수 있다. 이렇게 직원들에게 촘촘히 누적된 경험은 일에 자연스럽게 배어 행동으로 이어진다.

일 문화를 가꿔나가며 일한 지 14년 차. 그동안 얻은 나름의 교훈이 하나 있다. "소나기 말고 가랑비처럼!" 아무리 사소한 것이라도 거듭되면 무시하지 못할 정도로 큰 영향력을 발휘하듯, 기업에서 직원들이 경험하는 작은 일상이 하나하나 모여 '우리다운 문화'를 이룬다는 면에서 이 속담은 일 문화와 참 잘 어울린다. 리더나 조직 문화 담당자가 직원들에게 우리다운 일 문화를 느끼게 하는 방법으로 주로 전사 행사 같은 큰 이벤트를 고안한다. 하지만 기업이 중요하게 여기는 가치가 일하는 동안 소소하게 스며들어야 일 문화가 강력한 힘을 발휘할 수 있다.

일 문화는 조직에서 내리는 수많은 결정으로 만들어진다. 기업이 어떤 일을 시작하거나 그만두거나 계속하는 것을 결정하는 기준이 바로 일 문화다. 그래서 조직 문화 담당자들은 직원들이 일터에서 겪는 우리다운 문화에 기업의 비전과 목적, 핵심 가치, 일하는 방법 등을 반영해야 한다. 보통 이런 요소들은 홈페이지나 채용 공고에서만 중요한 경우가 많다. 하지만 이런 요소들이 실제로 기업의 운영 방식과 일의 진행 과정, 조직의 사고 체계뿐만 아니라 제도와 콘텐츠에까지 자리 잡혀야만 비로소 기업의 아이덴티티가 된다. 기업에서 겪는 모든 순간이 유기적으로 연결되어 기업과 직원들이 다른 크기와 강도로 커뮤니케이션하며 자연스럽게 녹아들 때 진정한 '~다운 문화'로 거듭난다.

일 문화가 직원들에게 고루 분배된 기업은 어떤 일이 일어날까? 마치 청춘 드라마의 대사처럼 "이런 건 우리다운 게 아니잖아요!"라고 말하는 직원들이 하나둘 생긴다. '스며듦'의 힘이다. 이런 직원이 많은 조직은 기업이 올바른 방향으로 갈 수 있도록 힘을 보탠다. 기업의 관점으로 보지 않더라도, 팀에 기업의 방향과 가치를 제대로 이해하는 직원이 많아야 팀워크는 물론, 새로운 과제에 즐겁게 도전하는 최강의 조직이 될 수 있다.

또 이렇게 일 문화를 잘 체화한 직원이 많을수록 고객 입장에서 다양한 관점을 제시하기 때문에, 리스크를 최소화할 수 있다. 우리 기업의 아이덴티티를 충분히 이해하고 있기 때문이다. 예를 들어 새로운 캐릭터를 출시할 때, 캐릭터의 이미지가 기업의 결에 부합하지 않는다며 재고하기를 제안한다든지, 모두가 좋다고 한 이벤트의 타이틀이 고객에게 줄 수 있는 부정 연상을 짚어내는 것도 기업의 일 문화를 잘 이해해야 가능하다.

기업이 중요하게 여기는 가치가 직원들에게 잘 자리 잡혀 있는지 알 수 있는 영역 중 하나가 윤리 경영이다. 〈송파구에서 일을 더 잘하는 11가지 방법〉에는 '가족에게 부끄러운 일은 하지 않는다'가 있다.

우리는 회사의 구성원이기 이전에 성숙한 시민으로서 법규를 준수하고 도덕적인 가치를 소중히 여깁니다. 누군가에게 설명할 수 없는 일은 하지 않으며, 가족, 특히 자녀에게 양심적으로 떳떳할 수 있도록 행동해야 합니다. 도덕성을 희생하며 성과를 얻는 것은 차라리 손해를 보는 것보다 못합니다.

— 〈송파구에서 일을 더 잘하는 11가지 방법〉

우아한형제들에는 말 그대로 일할 때 가족에게 부끄럽지 않도록, 도덕적인 가치까지 세심하게 살피는 일 문화가 있다. 또 우아한형제들은 개인, 기업, 나아가 사회적 차원에서 윤리적 책임을 지고 바르게 성장하기 위해 2017년부터 〈우아한 바른생활(윤리 강령)〉을 선언했다. 윤리적 딜레마에 처하더라도 우아한형제들의 일 문화를 잃지 않고 올바른 의사 결정을 할 수 있도록 다양한 교육과 캠페인 등을 마련하고, 전 구성원이 동참한다. '선물 안 주고 안 받기 캠페인'은 윤리 강령 선언과 함께 6년 동안 꾸준히 하고 있다.

원래 우아한형제들은 명절마다 외부 업체에서 대표 및 임직원에게 보낸 선물을 추첨을 통해 구성원들과 나눠 갖는 문화가 있었다. 개인에게 배송되었더라도 우리 모두의 노력이 있었기 때문에 받은 선물이라는 이유였다. 그런데 여기서 한 발 더 나아가 아예 선물이나 접대를 받거나 하지 않는 선물 안 주고 안 받기 캠페인을 시작했다. 캠페인의 취지와 히스토리를 거래처, 협력사에 전하며 동참해주길 부탁하는 메일을 보내고, 그럼에도 전달된 선물은 양해 메시지와 함께 반송하거나 사내 경매를 통해 기부한다.

하지만 아무리 캠페인을 해도 누가 어떤 사람에게 선물을 받았는지 공개하지 않으면 기업은 이를 알 길이 없다. 그런데도 거래처로부터 들어온 선물을 경매에 부치도록 피플실에 먼저 제안하거나, 명절이 아니어도 들어온 선물을 구성원들과 나눌 수 있는지 문의하는 경우가 많다. 이렇게 엄격한 관리 체계가 없는데도 구성원들이 스스로 동참하는 것은 우아한형제들이 중요하게 여기는 가치가 무엇인지 구성원들이 깊이 이해하고 있기 때문이다. 자연스럽게 스며든 일 문화가 구성원들의 자발적 참여를 이끄는 것이다.

시각 자극으로 핵심 가치를 훈련하는 법

조직에 자연스럽게 문화가 스며들게 하기 위해서는 직원들을 끊임없이 훈련시켜야 한다. 기업의 가치를 눈으로 보여주고 귀로 들리게 하며 꾸준히 자극하면, 직원들은 어느새 '이렇게 하는 것이 우리 방식이지'라고 생각하게 된다.

아이 양치시킬 때마다 "아직 3분이 안 됐어. 양치를 깨끗이 해야 입안에 벌레가 안 생기지. 깨끗이 해"라고 말하곤 했다. 아이들은 엄마의 반복되는 조언을 잔소리로 느끼고, 대충 양치하고는 3분 지났다며 으름장을 놓곤 했다. 정말 3분이 지났는지 알 길이 없었지만 아이들 입장에서 매번 "3분! 3분!"이라는 말을 듣는 것도 지겹겠다 싶었다. 그래서 따로 말하지 않아도 아이들의 행동을 변화시킬 방법을 고민했고, 두 가지 방법을 시도했다.

하나는 3분이 지나면 진동이 멈추는 칫솔을 사용하는 것이고 다른 하나는 타이머를 3분으로 맞춘 모래시계를 활용하는 것이다. 그러자 양치를 할 때 누구도 '3분'이라는 말을 하지 않게 되었다. 아이들은 칫솔의 진동이 멈추면 '치카'를 멈춰도 된다고 인지하거나, 모래시계의 모래가 비워지는 것을 보며 이제 치카를 끝내고 놀 수 있겠다며 신이 난다. 갑자기 왜 아이들 양치 잘 시키는 방법이냐고?

우리다운 행동이 무엇인지 기업이 강요하기만 하면 직원들은 "이제 그만" 하고 귀를 닫고 싶을지도 모른다. 그런데 무의식적으로 눈에 들어오는 무언가가 자연스럽게 행동을 유도한다면 어떨까? 일 문화가 직원들에게 스며들게 하려면 이런 시각 자극을 주어야 한다.

우아한형제들은 시각 자극을 접할 수 있는 환경이 잘 마련되어 있다. 요즘 잘 모르는 구성원들이 부쩍 많아진 탓에 어색해서 사무실 바닥만 보고 걷는다면, 바닥 귀퉁이에 '인사받고 싶으면 먼저 인사하자'라고 쓰인 문구를 발견하게 된다. 그걸 보면 머릿속에 많은 생각이 스치지 않을까? 그러다 맞은편에서 걸어오는 동료를 마주치면 문구에서 본 것처럼 "안녕하세요" 인사하게 될 것이다. 졸음을 참고 출근해서 키오스크에 사원증을 찍고 자리를 예약하려 할 때 태깅하는 곳 옆에 '오늘 하루도 박력있게!'라는 문구가 지나간다. 그럼 오늘 하루 파이팅 넘치게 일하고 싶은 마음이 들 것이다. 이렇게 지속적으로 공간이, 기업이 건네는 말이 직원들의 생각으로 자리 잡히게 된다. 그러니 갑자기 한 번이 아니라 꾸준히 마음속에 스며들게 하는 것이 중요하다.

인사 받고 싶으면
먼저 인사하자

3. 예약하고사 하는 항 ×...
선택 합니다.

현재층 3BF

4. 예약하기 버튼을 선택하여 예약완료 및 예약내역을 확인 합니다.

오늘 하루도 박력있게!

잡지 테러 광고로 소통의 결을 맞추다

매월 하나씩 잡지를 선정해 그 잡지의 특성에 맞춰 마케터와 디자이너를 우아한형제들답게 훈련하는 일명 '잡지 테러 광고'를 한 적이 있다. 우리다운 것을 내부에서 만들어보기 위해서다. 그들은 우아한형제들의 이미지에 맞는 카피를 뽑는 회의를 반복하면서 우리의 일 문화를 익히게 된다. 그런데 이 과정을 마케터와 디자이너로 한정하지 않고 전 구성원에게 확대하는 일명 '잡지 테러범을 모집합니다'라는 이벤트를 시도했다.

이때 디자이너가 잡지에 실리는 광고의 샘플 표지 모델이 되거나, 카피라이터가 아닌 구성원이 제출한 카피가 선정되어 잡지에 실리기도 했다. 이런 이벤트를 통해 전 구성원이 우아한형제들다운 위트란 욕설이나 비방으로 누군가가 불편한 마음을 갖게 하지 않는 것임을 알게 된다. "풋" 하고 웃기고 "아" 하고 생각하게 하는, 경쾌하고 중의적 의미가 담긴 우아한형제들의 위트를 체득하는 것이다. 피플실도 외부와 소통할 때 이 결을 꼭 지킨다. 우아한형제들의 소통의 기조를 외부에도 잘 이어나가야 이질감을 느끼지 않기 때문이다.

더 작게, 더 디테일하게

브랜드 개념이 구성원들 간에 공유되고 정신과 행동으로 체화
되면, 기업의 역량을 집결하는 구심점이 되고 나침반이 되어
시너지를 창출하게 된다. 이러한 내재화 과정을 일컬어 '내부
브랜딩internal branding'이라 부른다.

— 홍성태, 《배민다움》

전문적으로 내부 브랜딩이라는 표현을 많이 사용하지만
피플실은 '스며든다'는 표현을 더 좋아한다. 피플실에 처음 발
을 디뎠을 때, 당시 팀장이던 안연주 실장이 이런 말을 했다.
"억지로 다가가려고 하지 않아도 돼요. 안부를 묻고 이야기를
나누다 보면 자연스럽게 스며들 거예요." 피플실을 소개할 때
도 "배민다움이 조직과 구성원에게 잘 스며들 수 있도록 돕는
일을 하고 있어요"라고 한다. '~답다'는 것은 우리다운 결이
차곡차곡 쌓여가는 일이다. 이렇게 직원들에게 스며들고 그
들에게 핵심 가치가 배어 나와야 진짜 '~다운' 일 문화를 만들
수 있다. 이를 어떻게 할 수 있을까?

핵심 가치가 조직에 잘 공유되고 직원들의 행동으로 승
화되도록 하기 위해서는 조직 개발 분야의 석학 에드거 샤인
Edgar Schein이 제시한 조직 문화의 세 가지 차원이 긴밀하게 연

결되어야 한다. 첫째, 물리적 공간과 겉으로 드러난 행동처럼 눈에 보이는 결과인 인공물artifacts이다. 직원이 아니더라도 인식할 수 있는 공간, 복장 규정, 호칭 등 가시적인 요소가 이에 속한다. 둘째, 그 집단이 표방하는 신념이나 가치관으로 비전, 핵심 가치처럼 직원들이 그렇게 행동하길 바라는 모습이다. 이상적이고 바람직하다고 생각하는 조직의 모습일 것이다. 마지막은 암묵적인 기본 가정assumptions이다. 직원들이 무의식적으로 받아들이는 믿음과 가치가 여기 속한다. 겉으로 잘 드

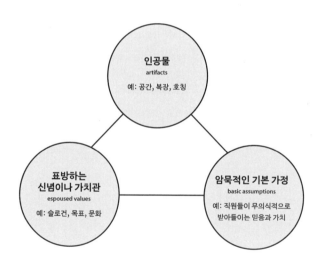

러나지 않지만 직원들에게 깊이 내재된 수준으로, 이 가정이 직원들과 제대로 이어져 있지 않으면 허울뿐인 문화가 되기 쉽다.

인공물로 표현되는 것들은 그럴듯한데, 직원들 마음속에 이 세 가지와 일 문화가 긴밀하게 연결되어 있지 않다면 내재화가 잘되었다고 할 수 없다. 반대로 일 문화는 깊이 공유되었는데, 가시적으로 드러난 인공물이 없어도 기업의 규모나 제도에 변수가 생겼을 때 직원들 사이에 확산되기 어렵다. 특히 직원이 점점 늘어날 때 이 인공물의 역할이 매우 크다. 말하지 않아도 이 기업의 일 문화를 '딱 보면' 알 수 있기 때문이다.

일 문화를 직원들의 경험에 반영한다고 하면 왠지 대단한 것을 해야 할 것만 같고 기획부터 어렵게 느껴진다. 그러나 문화는 이벤트가 아니라 일상이다. 일상의 경험에 작지만 세심하게 기업의 일 문화를 반영하는 노력을 기울인다고 생각하면 된다. 그런 디테일한 노력이 하나씩 직원들에게 전달되어 그들 마음속에 기업의 이미지가 새겨질 것이다. 기업의 핵심 가치나 일 문화를 몸소 경험할 수 있는 계기가 기업 안에 점으로 흩어져 있어서, 그 경험을 하나하나 이어가다 보면 직원들은 굳이 기업이 말하지 않아도 자연스럽게 우리다운 행동을 하게 된다. 일 문화를 느낄 수 있는 경험이 꾸준히 제공되어야 전사 행사 같은 이벤트를 했을 때 그것이 낯설지 않다.

내가 참 좋아하는 애니메이션 〈곰돌이 푸〉에 이런 대사가 나온다.

"피그렛, 사랑은 어떻게 쓰는 거야?"
"사랑은 쓰는 게 아니라 느끼는 거야."

　좋은 인재를 영입하려고 자신들이 직원들을 위하는 기업임을 강조하는 곳이 많아졌다. 그러나 표현에 집중하다 정말 중요한 것을 놓칠 때가 많다. 주는 이의 입장이 아니라 일 문화를 직접 느끼는 직원들의 입장을 생각하면 단단히 벼르고 보여주는 큰 경험 한 번보다 평상시에 매 순간 느낄 수 있도록, 애정과 존중을 더하며 직원들이 일하기 좋은 문화를 만들어가는 것이 중요하다. 그러면 마침내 직원들이 진심으로 일을 사랑하게 될 것이다.

수평적인 문화의
역설

호칭을 바꾸면 혁신이 될까?

스타트업 맥콤에 입사한 제이가 CEO 스티브와 첫인사를 나눈다. 스티브가 당당한 포즈로 두 팔 벌려 제이를 환영하며 말한다. "우리 다 영어 이름 쓰는 거 들었죠?" 스티브의 눈빛에서 '우리 이런 문화야' 하는 자부심이 마구 느껴진다. 그때 제이가 옆에 있던 사수 애슐리를 보며 "어제 애슐리가 이야기해주셔서"라고 말하자 스티브가 단호하게 정정한다. "압존법! 애슐리가 나보다는 밑이니까 '애슐리가 이야기해줘서'가 맞아." 그가 이어서 하는 말에 시청자는 '풋!' 하고 웃고 만다. "편하게! 우리는 다 수평이에요."

웹드라마 〈유니콘〉에 나오는 장면이다. 우리 주변에도 맥콤처럼 호칭은 유연하지만 문화는 경직된 곳이 많다. 이렇게 언어와 문화가 따로 놀면 직원들은 기업에 애정은커녕 실망하게 되고, 큰 기대를 하지 않게 된다. 나아가 '회사가 이러는데 내가 열심히 해서 뭐 해?'라는 생각까지 할 수 있다.

요즘은 직급을 없애고 '님' 또는 영어 이름을 사용하며 소통의 벽을 낮추기 위해 노력하는 기업이 많아졌다. 사용하는 언어에 따라 생각과 행동, 문화가 달라질 수 있기 때문이다. 최근에는 공공 기관부터 제약회사, 금융회사 등 보수적인 기업도 호칭을 바꾸고 있다는 소식도 들려온다. 일하기 좋은 문화를 만들기 위해 노력하는 기업의 범위가 넓어지고 있는 것이다. 그러나 이런 변화에 직원들의 우려 또한 만만치 않다. 호칭 외에 다른 것은 그대로인, 무늬만 수평적인 문화가 될까 봐 걱정하는 목소리가 들린다. "호칭만 통일한다고 수평적인 문화가 될까요?" "여전히 '팀장님'이라고 부르는 사람들 때문에 오히려 눈치를 봐야 하는 상황이 늘었어요." "호칭은 바뀌었는데, 보고 문화는 그대로예요."

앞서 말한 조직 문화의 세 가지 차원 중 인공물만 고려했기 때문에 발생하는 문제다. 수평적으로 소통할 수 있는 분위기를 조성해야 하는데, 많은 기업이 호칭 같은 드러나는 것에만 신경 쓴다. 기업의 기본적인 문화의 성격과 가치는 고려하지 않은 채 "요즘 호칭 혁신을 많이 하니까 우리도 하자"라는 식의 접근은 지양해야 한다. 바람직한 일 문화를 만들려고 호칭을 바꿨는데, 실상 큰 변화가 없다면 직원들의 괴리감이 얼마나 클까.

호칭을 바꾸는 것의 강점은 일 문화를 혁신적으로 만드는 것이 아니라 커뮤니케이션 비용을 줄이는 것이다. 직원이 새로운 조직에 적응할 때 가장 어려워 하는 것 중 하나가 이름과 직급을 맞추는 일이다. 실수로 직급을 낮게 불러서 불편한 감정이 생기지 않을지 걱정스러워 하기도 한다. 그런 불필요한 고민을 덜어내는 수단이 님 호칭 혹은 영어 이름 문화다. 또 호칭 혁신을 통해 부장님, 이사님 같은 직급의 벽 없이 편하게 의견을 나눌 수 있다.

수평적인 문화는 소통을 잘하기 위해 들인 노력의 결과다. 기업은 우리가 호칭을 바꾸려고 하는 이유, 직원들이 새로운 호칭을 제대로 부르기 위해 필요한 지원을 검토해야 한다. 수평적인 문화를 도입하기 위해서는 리더들의 소통 방식을 바꾸는 것은 물론 직원들이 솔직하게 말할 수 있는 공식적인 장場 역시 마련해야 한다.

결정은 수직적으로, 관계는 수평적으로

그런데 도대체 수평적인 문화가 무엇일까. 모두 선호하는 기업을 만들기 위해서 수평적인 문화를 구축한다고 하고 이를 알리는 보도자료도 쏟아진다. 우아한형제들을 방문한 한 조직 문화 담당자가 이런 질문을 했다. "우아한형제들은 수평적인 문화잖아요. 대부분의 의사 결정이 보텀업bottom-up으로 이루어질 것 같은데 비결이 뭔가요?"

잠깐, 수평적인 문화라고 해서 조직의 모든 의사 결정이 보텀업으로 이루어지는 것이 맞을까? 또 보텀업 의사 결정이 많다고 좋은 문화일까? 조직이 성과를 내기 위해서는 보텀업과 톱다운top-down 방식의 의사 결정이 모두 필요하다. 무엇보다 수평적인 문화라고 해서 모든 것이 평등하고 자유롭다는 의미는 아니다.

그런데 많은 사람이 수평적인 문화를 호칭을 없애고 직원들이 원하면 뭐든 자유롭게 할 수 있는 파격적인 문화라고 생각한다. 수평적인 문화에 대해서 전문가마다 해석이 조금씩 다르다. 또 직역해서 'horizontal organizational culture'를 포털 사이트에 검색하면 제대로 된 전문 데이터가 거의 없다. 조직 문화 연구자인 김성준 교수가 쓴 《조직문화 통찰》을 보면, 한국에서 수평적인 문화를 처음 언급한 시기와 정의, 유의할 점을 상세하게 알 수 있다.

수평이라는 표현은 물리적으로는 쉬운 개념이지만 관념적으로는 이해 차이가 상당하다. 네덜란드의 심리학자 헤이르트 호프스테더Geert Hofstede가 명명한 권력 거리power distance라는 표현을 2003년 황창연 박사가 '수평적-수직적 문화'로 바꾼 후 여러 연구자가 이런 관습을 따르게 되었다. 수평적인 문화라는 용어는 2007년 이전까지 별도로 출현하지 않다가 2008년부터 본격적으로 쓰이기 시작한다. 수평적인 문화가 주목받기 시작한 지 불과 10년 정도밖에 되지 않은 것이다.

2000년 5월에 삼성경제연구소에서 펴낸 〈직급파괴 현황과 개선 방안〉이라는 내부 연구 보고서에 따르면 과다하게 세분된 직급 체계가 젊고 유능한 인재를 확보하는 데 걸림돌이 되고 있다고 지적한다. 기존 직급을 파괴하고 위계적 뉘앙스가 따라붙는 과장님, 부장님 같은 호칭도 폐지해 새로운 '수평적 조직 구조'를 만들 필요가 있다고 주장한다.

즉 수평적인 문화는 기존 수직적인 직급 체계에 대한 반발로 나타난 이상적인 문화를 가리킨다. 수평적인 문화를 만들기 위해 호칭 혁신이 대표적인 예로 거론되다 보니 수평적인 문화라고 하면 대부분 '호칭 없이 모두가 님 또는 매니저인 문화', 즉 조직에서 자유롭고 평등하게 의견을 나누는 모습을 떠올리게 된 것이다.

'수평'은 물질세계에서는 쉽지만 관념세계에서는 어려운 개념입니다. 사람마다 이해하고 받아들이는 정도의 차이가 큽니다. '수평적 문화'를 최상의 복지로 내세우고자 한다면 입사를 희망하는 지원자에게 '우리 회사에서 말하는 수평적 문화란 이것입니다' 하고 상세하게 설명하는 일이 필요합니다.

— 김성준, 《조직문화 통찰》

결국 우리 기업에서 두 문화를 어떻게 정의하고 있는지 파악하고, 그중 가장 적합한 문화를 기업에 상세하게 알리고 직원들이 경험하게 하는 일이 중요하다. 예를 들면 S기업에서는 호칭 혁신으로 수평적인 분위기를 만들고 서로를 존중하며 의사소통하는 문화로, H기업에서는 호칭 혁신뿐만 아니라 복장 기준까지 자율화한 것을 수평적인 문화라고 정의한다.

〈송파구에서 일을 더 잘하는 11가지 방법〉에도 수평적인 문화가 등장한다. 바로 '실행은 수직적! 문화는 수평적~'이라는 메시지다. 우아한형제들은 수직적인 문화도 수용하며, 모두가 찬양하는 수평적인 문화만 추구하지 않는다.

수직적인 문화든 수평적인 문화든 어느 한쪽으로 치우치는 것은 좋지 않습니다. 일을 할 때는 목표를 달성하기 위해 일사불란하게 움직여야 합니다. '일'은 결정으로 시작됩니다. '결정'

이란 결정하는 사람이 결정을 하지 않으면 존재할 수 없습니다. '결정하는 사람'이란 결과에 책임을 질 수 있는 사람입니다. 결정한 사람을 중심으로 성과를 달성하기 위해 일사불란하게 움직여야 합니다. 하지만 인간적인 관계에서는 권위주의를 탈피해야 합니다.

권위주의는 구성원 개개인의 창의성과 자존감을 손상시킵니다. 예를 들어 엘리베이터에 줄을 설 때 직급이 높다고 해서 양보를 하거나, 양보하기를 유도해서는 안 됩니다. 과도한 의전은 권위주의를 만들고 조직을 병들게 합니다. 건강한 문화의 한 척도는 구성원들끼리 편하게 이런저런 잡담을 나누는 도중 상급자가 나타나더라도 계속 자연스럽게 이야기를 이어가는 모습에서 찾을 수 있습니다. 상급자는 본인이 나타났을 때 구성원들 사이에서 어색한 분위기가 형성된다면 스스로를 돌아봐야 합니다.

— 〈송파구에서 일을 더 잘하는 11가지 방법〉

우아한형제들이 말하는 수직적, 수평적 문화의 핵심은 기업의 목표를 달성하기 위해 필요한 결정은 수직적으로 내리지만, 관계와 커뮤니케이션은 수평적인 것이다. 김범준 전 대표는 실제로 구성원들에게 "리더가 좋은 의사 결정을 내릴 수 있도록 다양한 의견을 많이 말씀해주세요"라고 말했다. 중요한 결정은 리더가 내리지만, 구성원들이 다양한 의견을 말할 수 있는 소통 문화가 있는 것이다. 우아한형제들에서 수평적인 문화는 존중과 배려를 바탕으로 리더와 구성원, 구성원과 구성원이 양방향으로 소통할 수 있다는 의미다.

좋은 결정을 만드는 사소한 차이

조직 문화 담당자는 다른 기업과 달리 우리 기업의 핵심 가치의 의미를 정확하게 이해하고, 그것이 기업에 잘 흡수될 수 있도록 규칙 등을 정해 직원들의 경험으로 연결해야 한다. 같은 단어여도 기업마다 의미와 우선순위가 다르다. 이 가치들의 의미가 뾰족하게 구분되지 않는다면 다른 기업에서도 통하는 보편적인 이야기만 될 뿐, 우리만의 문화가 될 수 없다.

아마존은 '근검절약'을 다음과 같이 정의한다.

근검절약은 더 적은 자원으로 더 많이 실현함을 뜻한다. 제약 조건들이 생기면 창의성을 더욱 발휘하고 자립심이 커지며 무언가를 발명하게 된다. 직원 수를 늘리거나 예산을 많이 확보한다고 해서, 또는 고정비를 더 많이 지출한다고 좋은 것은 아니다.

— 벤 호로위츠, 《최강의 조직》

우아한형제들의 근검절약은 다음과 같다.

근검(부지런하고 검소하며 노력을 들여 일함), 절약(함부로
쓰지 않고 꼭 필요한 데에만 써서 아낌)하는 마음가짐과 태도
를 습관으로 가진 인재. 우아한형제들의 구성원들은 성실하게
일해 얻은 이익을 낭비하지 않고, 오늘의 씀씀이를 아껴 내일
에 대비하는 생활의 지혜를 몸소 실천합니다. 또 아끼고 남긴
것을 사회적으로 더 좋은 일을 위해 쓸 수 있는 넉넉한 마음을
갖습니다.

— 〈우아한 인재상〉

똑같은 근검절약이지만 아마존과 우아한형제들의 정의
는 다르다. 아마존 직원들의 책상은 건축 자재 등을 판매하는
홈디포에서 구입한 값싼 문짝에 다리 네 개를 달아 만든다. 이
런 간이 책상 등으로 일하는 이유는 돈을 최대한 아껴 저렴한
비용으로 최상의 서비스와 제품을 고객에게 제공한다는 아마
존의 신념과 문화 때문이다.

우아한형제들에서는 근검절약을 근검하게 일하고 조직

의 자원을 절약하며 이를 통해 남긴 것들을 사회적으로 뜻깊게 쓰일 수 있도록 모두 노력하는 일로 정의한다. 이런 정의는 우아한형제들에 사회적 가치를 실현하기 위한 여러 부서가 존재하는 이유이기도 하다.

이번에는 슬랙의 인재상에서 근면성실과 협업의 의미를 살펴보자.

근면성실

오랜 시간 일한다는 뜻이 아닙니다. 누구든 정시에 퇴근해서 가족을 돌보며 시간을 보내도 됩니다. 그러나 근무시간에는 자제력을 발휘해 적절히 처신하고 자신의 일에 전문가가 되며 집중해야 합니다. 또한 경쟁을 환영하고 결단력이 있으며 기지가 뛰어나고 탄력적이면서 담대해야 하죠. 우리 기업에서 일하는 것을 당신 인생에서 최고의 일을 할 수 있는 기회로 생각하세요.

협업

복종도 공손함도 아닙니다. 사실을 말하면, 정반대입니다. 우리 문화에서 협업적이라는 것은 모든 분야에서 리더의 역할을 수행한다는 뜻입니다. 예를 들면 '나는 이번 회의가 잘 진행돼 유익한 결과를 도출하게 만들 책임이 있다. 만약 신뢰가 부족하면 신뢰를 높이기 위해 노력하고, 목표가 명확하지 않으면 목표를 명확하게 만들 것이다'라는 식입니다. 우리 모두는 더 나아지는 것에 관심이 있고 모두는 그 목표에 대해 책임을 가져야 마땅합니다. 모두가 이런 자세로 협업한다면 팀의 성과에 대한 책임이 구성원 모두에게 돌아갑니다. 협업적인 사람은 성과가 가장 부진한 사람들이 성공에 걸림돌이 된다는 사실을 잘 압니다. 그래서 그들은 가장 무능한 직원들의 성과를 끌어올리거나 반대로 진지하게 대화를 시작하거나 둘 중 하나를 선택할 것입니다. 지원자가 협업적인지 아닌지는 추천사를 통해 쉽게 확인할 수 있습니다. 또한 면접 중에 "직전 기업에서 기준에 못 미치는 뭔가를 고치도록 도와줬던 상황에 대해 말해보세요"라고 질문해도 됩니다.

— 벤 호로위츠, 《최강의 조직》

우아한형제들에도 근면성실과 '배려와 협동'이라는 인재상 기준이 있다. 어떤 점이 다를까.

근면성실

근면(부지런히 일하며 힘씀)하고, 성실(정성스럽고 참됨)한 자세로 자신에게 주어진 일에 최선을 다해 개인 및 기업의 가치를 실현하고자 노력하는 인재. 우아한형제들의 구성원들은 근면성실함이 모든 일의 기본임을 잊지 않고 항상 부지런하고 정성스럽게 임합니다. 누가 보지 않아도 묵묵히 제 할 일을 다 하는 거북이가 어쩌면 조금 늦을지라도 결국은 잔꾀 많은 토끼를 이긴다는 진리를 믿습니다.

배려와 협동

배려(도와주거나 보살펴주려고 마음을 씀)하고 협동(서로 마음과 힘을 하나로 합함)을 통해 성과를 만들어내는 인재. 우리는 작은 말과 행동이 주변에 미칠 영향에 대해 사려 깊게 생각하고 행동합니다. 자기 자신에 대한 믿음과 사랑에서 출발해 동료에 대한 배려로 확장해가는 것의 즐거움을 알며, 항상 유쾌하고 박력 있게 생활함으로써 주변에 긍정적인 분위기를 전파합니다.

인재상을 표현하는 단어는 같지만 의미는 조금씩 다르다. 그러므로 조직 문화 담당자들은 우리 기업이 무엇을 어떻게 더 강조하고 중요하게 생각하는지 알아야 한다. 우리 기업의 시선으로 중요하다고 이야기하는 가치를 직원들이 거의 매일 맞닥뜨릴 수 있는 경험으로 연결해야 한다.

기업은 자사가 세운 가치에 따라 의사 결정한다. 그래서 조직이 기업에서 잘못된 가치를 경험하거나 바르게 해석하지 못하면 나쁜 의사 결정을 할 확률이 높아진다. 창업자가 세운 핵심 가치라고 해서 조직 문화 담당자나 직원들이 손 놓고 있어야 할까? 조직 문화 담당자는 기업이 어떤 가치에 의해 의사 결정을 하는지 살피고, 그 가치가 제대로 작동할 수 있는 경험들을 발굴하거나 만들어야 한다.

요즘 직원들은 정말 관심을
싫어할까

밥 한 끼의 다정하고 놀라운 효과

"하나 님, 구성원들이랑 점심 약속 잡으세요. 피플실에
제일 중요한 업무 시간은 점심시간이에요!"

피플실의 점심은 다른 팀의 점심과 달랐다. 피플실에서
는 점심도 업무의 일종이기에 나는 입사한 지 하루밖에 안 된
상황에서 함께 점심을 먹을 동료를 찾아야 했다. 막막함도 잠
시 피플실에 이것저것 물어보는 유관 부서에서 한 명씩 점심
약속을 잡아 '밥 먹는 업무'를 시작했다. 누가 먼저 밥을 먹
자고 하면 그게 왜 그렇게 뿌듯하던지. 다이어리에 쓴 '점심
약속 with ○○님'이라는 내 필체에서도 신나는 마음이 느껴
졌다.

단 약속을 잡을 때는 나름의 그라운드 룰ground rule(조직의 기본적인 규칙)이 있다. 특정 부서 구성원들로만 한정하지 않고, 신규 입사자부터 연차가 오래된 구성원까지 다양하게 만난다. 고충을 토로하는 구성원이 있다면 이를 피플실이 들어주기만 원하는 것인지, 해결해줄 사람을 연결해주길 원하는 것인지 명확하게 구분해 관심이 오지랖으로 왜곡되지 않도록 적정한 선을 지킨다.

약속을 잡지 못해 혼자 밥을 먹어야 하는 날에는 한적한 식당이나 사무실 한편에서 김밥으로 때우기도 했다. 전 직장에서는 '혼밥' 하는 것이 오히려 평화로웠는데, 밥 먹는 일이 업무라고 생각하니 약속이 없는 날은 부채가 쌓이는 것만 같았다. 하지만 점점 약속을 잡는 데도, 약속이 없는 날을 보내는 것도 익숙해졌다. 처음에는 점심을 함께 먹는 것이 왜 일의 일종인지 그 의도를 정확하게 공감하지 못했는데 시간이 지날수록 왜 이 업무가 피플실에 중요한지 깨달았다. 어쩌면 이 업무는 우아한형제들에 인사팀보다 피플실이 먼저 생긴 이유와 같지 않을까. 구성원들을 관리하기보다 그들에게 관심과 애정을 갖고 함께하려는 창업자의 마음이 반영된 것이다. 김봉진 의장이 창업 초기에 우아한형제들이 어떤 기업이 되면 좋을지 구성원들에게 질문하자 대부분이 복지가 좋은 기업을 바란다고 대답했다. 그는 포털 사이트에 '복지福祉'를 검색하고

'행복한 삶'이라는 뜻을 알게 되었다. '행복'을 다시 연구해보
니 와닿는 두 가지가 있었다.

조너선 하이트의 《행복의 가설》이라는 책에 나오는 개념인데
요. 그 책에서 말하기를 '행복은 관계에 있다. 인간은 스스로
행복할 수 없다. 나와 일과의 관계, 그리고 나와 다른 사람과의
관계를 건강하게 잘 맺는 데서 행복을 찾을 수 있다'고 해요.
행복하려면 행복한 사람들 사이에 있어야 한다는 거죠. 주변
사람들이 행복하지 않으면 그 사람들을 행복하게 해주면 된다
는 거예요. 그러면 내가 행복한 사람들 사이에 둘러싸여서 나
도 행복해진다는 거죠. 일단 그 관계라는 게 중요하다고 해서
기업 구성원들끼리 건강한 관계를 맺게 하는 데 집중했어요.
다른 하나는 연세대 서은국 교수님이 쓴 《행복의 기원》이라는
책에 나와요. 그 책에 의하면, 인간도 수십만 년 동안 동물이었
기에 동물적인 감각으로 행복을 느낀다는 거예요. (…) 사람
은 원래 동물이라서 동물이 느끼는 직관적인 작은 행복들이 중
요하다는 거죠. 사실 우리가 원하는 행복은 거창한 게 아니거
든요.
큰 행복의 느낌보다 작은 행복을 느끼라고 말해요. 마지막으
로 이야기하는 게 사랑하는 사람과 자주 맛있는 음식을 먹으라
는 거였어요. 그게 끝이에요. 행복한 사람들은 이런 '시시한'

즐거움을 여러 모양으로 자주 느끼는 사람이라는 거죠. 저도 그 사실에 크게 공감했어요. 그래서 기업 안에서도 소소한 이벤트, 소소한 행복감들을 느끼게 해주려고 노력해요.

— 홍성태, 《배민다움》

김봉진 의장은 피플실에 이렇게 요구했다.

"행복은 아이스크림 같아서 자주 녹아요. 그래서 행복한 경험을 자주 느끼게 해주는 것이 중요해요. 구성원들에게 소소한 행복감을 많이, 자주 느끼게 해주세요."

2013년 마침내 그의 생각대로 구성원들이 회사에서 소소한 행복을 자주 느끼고, 건강한 관계를 맺도록 돕는 피플실이 생겼다. 초기에는 구성원들의 속사정을 잘 아는 두 명으로 시작해 약 1년 후 내가 외부에서 채용된 1호 멤버로 합류했다. 나는 안연주 실장과 김봉진 의장이 우아한형제들의 일 문화에 대해서 말하는 곳은 모두 따라다니며, 내가 우아한형제들에서 경험하지 못한 시간을 극복하기 위해 열심히 메모하고 분위기를 익히는 데 열중했다. 그럴 때마다 두 사람이 항상 중요하게 강조한 메시지가 있다.

"관리보다는 관심과 애정으로."

"모든 일은 정의에서 시작하죠. 좋은 기업이란 무엇일
까요?"

"구성원들이 존중받고 있다고 느끼게 해야 합니다."

"직원이 아니라 구성원을 뽑습니다."

"기업은 평범한 사람들이 모여 비범한 성과를 내는 공동체
입니다."

"다음 세대가 다닐 만한 건강한 기업을 만들고 싶습니다."

"감정에는 전염성이 있어서 행복 역시 전염됩니다."

"평가보다는 평판."

우아한형제들이 추구하는 일 문화는 한 방향을 향하고
있었다.

"회사를 시작하다 보니 책임감 같은 것이 생기게 되었습니다.
구성원 한 명 한 명이 얼마나 헌신적으로 일하고 회사를 사랑
하는지 정말 깊이 느껴집니다. 이분들과 함께 회사를 만들어
나가고 싶습니다. 규모가 커지더라도 우리만의 문화를 지키면
서 회사를 운영하고 싶습니다."

— 2015년, 어느 강연에서 김봉진 의장이 한 말

우리 기업만의 일 문화를 지닌, 공동체의 유대가 강한 조직은 기업이 좋은 방향으로 갈 수 있도록 직원들이 계속 노력하게 되어 있다. 지속 가능한 성장을 이루는 기업이 되려면 이런 문화를 우리답게 유지하는 것이 중요하다. 우아한형제들은 규모가 커지더라도 관심과 애정으로 일 문화를 만들던 가치를 지키면서 공동체 문화를 이어나가기 위해 꾸준히 노력하고 있다. 구성원들을 관리하는 것이 아니라, 관심과 애정으로 그들에게 다가간다는 것이 핵심이다. 직원이 아니라 구성원이라고 표현하는 것도 다른 일 문화를 겪은 나에게는 새로운 경험이었다.

피플실에서 일하며 기업이 일의 정의를 어떻게 내리느냐에 따라 직원들의 몰입도와 일의 결과가 달라진다는 것을 여실히 깨달았다. '경영의 신'이라고 불리는 이나모리 가즈오는《왜 일하는가》에서 "위대함과 평범함의 차이는 결국 마음가짐과 노력이라는 1퍼센트에 달려 있다"라고 말했다. 나는 피플실은 다른 기업의 기업문화팀 혹은 인사팀과는 직원들을 대하는 마음가짐부터 큰 차이가 난다고 생각한다.

관리보다 관심이 필요한 세대

관리와 관심, 어떤 차이가 있을까? 다음은 표준국어대사전에서 '관리管理'를 찾았을 때 나오는 뜻 중 하나다.

사람을 통제하고 지휘하며 감독함.

화들짝 놀랄 만하다. 물론 사고의 확률이 높고 생명을 위협할 수 있는 일에는 엄격한 관리가 반드시 필요하다. 하지만 그 외 기업에서 통제, 감독, 관리는 군대 문화, 꼰대 문화라고 외치는 것과 별반 다르지 않다. 관리의 한자를 풀어보면 '주관할 관管'에 '다스릴 리理'로 결국 관리를 하는 사람이 주체가 된다. 반면 관심觀心은 한자 뜻부터 다르다. '관觀'은 관계한다는 뜻으로 어떤 것에 마음이 끌려 주의를 기울이는 일을 말한다. 관심을 가지는 사람은 자신이 아니라 마음이 가는 상대에게 집중하고 좋은 관계를 이어가기 위해서 긍정적인 시간을 만들기 위해 노력한다. 그래서 관리의 관점으로 직원들을 바라볼 때와 관심의 관점으로 바라볼 때 뒤따르는 말(관리와 통제, 관심과 애정)도, 조성되는 분위기도 다른 것이다.

구성원들과 같이 점심 한 끼 먹으며, 차 한잔 마시며 요즘 힘든 일은 없는지, 관심사는 무엇인지 이야기를 나누다 보면 지원이 필요한 영역을 알 수도 있고, 일을 좀 더 잘할 수 있도록 돕는 분위기를 만드는 데 필요한 힌트를 얻기도 한다. 예를 들어 가족의 생일처럼 중요한 기념일에 야근이 많아 제때 퇴근하지 못하는 구성원들의 이야기를 듣고, 가족 기념일에는 오후 4시에 퇴근하는 '지만가'라는 제도를 만들었다. 이 제도는 '지금 만나러 갑니다' 혹은 '자기 혼자 간다'는 중의적인 뜻을 담은 제도로, 가족(본인, 배우자, 자녀, 양가 부모님)의 생일과 결혼기념일에 조기 퇴근을 할 수 있다. 구성원들에게 시간을 선물하는 일이 많은 우아한형제들의 대표적인 문화 중 하나인데, 최근에는 재택근무와 개인별 시차 출퇴근 제도가 시행되며 자연스럽게 생일보다는 입사 기념일을 챙기는 문화로 진화했다. 이런 관심은 구성원들에게 이 기업이 자신의 이야기를 들어주는 곳이라는 심리적 안정감을 느끼게 한다.

우아한형제들은 이렇게 구성원을 대하는 마음부터 달랐기 때문에 구성원들의 공감을 자연스럽게 이끌어내며 많은 제도와 문화를 탄탄하게 쌓아 올릴 수 있었다. 우리 스스로 '관리보다는 관심과 애정으로'라는 말을 마치 표어를 외치듯 습관처럼 이야기하다 보니 피플실의 소통 방식과 피플실이 생산하는 콘텐츠에도 이런 일 문화가 자연스럽게 스며들게 되었다. 말의 힘은 강력하기에 그런 메시지는 지겹더라도 계속 강조해야 하지 않을까.

처리해야 하는 업무가 많아지고, 감당해야 하는 목표 수준이 높아지다 보면 자칫 관심에서 관리로 넘어가기 쉽다. 그러나 피플실은 어떻게 하면 구성원들이 일하기 좋은 문화에서 지낼 수 있을까 생각하는 데서 탄생했기 때문에 입사 당시 인원 대비 10배 이상의 규모로 회사가 커져도 흔들리지 않고 일을 계속할 수 있다. 많은 기업이 일을 넘어 사람까지 관리하려고 한다. 효율적인 시스템을 구축하기 위해서는 관리가 필요하지만 직원들에게는 그보다 관심이 더 중요하다.

회사와 직원이 교감해야 하는 이유

그런데 요즘은 이러한 관심이 기업의 상황과 직원들의 성향에 따라 누군가에게는 불편함이 되기도 한다. 또 비대면 업무로 관계가 돈독하지 않을 때 적극적으로 관심을 보이면 상대는 오히려 부담을 느끼고 거리를 둘 수도 있다. 재택근무로 물리적으로 만나기 어려운 상황이 계속되자 피플실은 우리가 지금까지 구성원들에게 전한 관심과 애정을 어떤 형태로 전달할지 깊이 고민했다.

구성원이 2,000여 명 이상이고, 일부 재택근무가 시작되면서 전처럼 구성원들과 티타임을 갖거나 밥을 먹는 일이 활발하게 이루어지지 않았다. 피플실은 처음으로 돌아가 우리가 구성원들에게 전하려던 우아한형제들의 문화가 무엇이었는지 돌아봤다. 우리의 목적 중 하나는 우아한형제들이 구성원들과 심리적 안정감이 큰 건강한 관계를 만드는 것이었다. 그래서 우리는 지금처럼 달라진 규모와 업무 환경에 맞춰 온라인에서도 구성원들 간에 정서적인 교감을 나눌 수 있는 문화를 만드는 데 집중했고, 리더들이 구성원들에 대한 관심을 놓치지 않고 소통할 수 있도록 지원하고 있다. 목적은 유지하지만 그것을 챙기는 형태가 유연하게 변한 것이다.

그런데 가끔 고민스러울 때가 있다. 세대 구분을 좋아하지 않지만, 요즘 흔히들 말하는 MZ세대는 집단보다는 개인의 행복을 더 추구한다는 이야기를 들을 때면 공동체의 관계와 행복을 중시하는 우아한형제들의 문화는 어떻게 달라져야 할까 고민된다. 또 재택근무 상황에서 이전 같은 관심과 애정이 작동할 수 있을까 걱정스럽다. 구성원에 대한 관심과 애정이 없는 것은 우아한형제들의 문화가 아니기 때문이다. 서로 만나지 않는 것이 더 자연스러운 재택근무처럼 업무 환경이 달라져도 관리보다 관심이 더 유효한가에 대한 결론은 '그럴수록 더 중요하다'는 것이다. 상대가 불편하지 않은 범위에서 서로의 선을 '다정하게' 살짝 넘으며 관계를 잘 쌓는 기업이 관리가 잘되는 기업이다. 특히 직원들이 회사 밖에서 일을 하는지 안 하는지 불신하는 기업이라면 관심과 애정을 기반으로 한 존중과 배려의 문화인지 점검할 필요가 있다.

경영 컨설팅 전문가 데이비드 마이스터와 찰스 그린, 로버트 갤포드가 쓴 《신뢰의 기술》에 신뢰 방정식이 나온다. 이 방정식에 따르면 업무 신뢰성이 높고 실력이 좋다고 평가받는 사람일수록 기한과 시간 등의 약속을 잘 지키는 행동, 친밀감 등을 통해 개인의 신뢰 수준을 높일 수 있다. 이를 조직 관

$$T=\frac{C+R+I}{S}$$

T=신뢰, **C**=정확함과 정직함에서 오는 믿음, **R**=일관된 품질과 지속적인 만족에서 오는 믿음, **I**=친밀감, **S**=자기중심성

점에서 보면 직원들이 도전하고 싶고 성취감을 느낄 수 있는 업무가 제공되고, 일 문화의 일관성이 유지되며 직원들과 조직 혹은 직원들 사이의 유대감이 잘 형성되어 있을수록 신뢰 수준이 높은 기업이 될 것이다. 협업을 잘하기 위해서는 이런 신뢰가 정말 중요한데, 이 수준을 높이는 데 중요한 요소 중 하나가 바로 친밀감이다.

누군가의 관심 때문에 울고 웃고, 실패하고 성공하며, 괴로워 떨고 환희에 차는 시대다. 지나친 관심은 독이 되지만 지나친 무관심은 삶을 공허하고 메마르게 만들기도 한다. 무관심과 외로움이 더 일반적인 시대에, 어떻게 서로에게 진심 어린 관심을 나누는 관계를 지닐 수 있을지 많은 고민이 필요할 것이다. (…) 서로의 선을 다정하게 살짝 넘는 계기가 되는 일이 널리 자리 잡았으면 한다.

— 정지우,《내가 잘못 산다고 말하는 세상에게》

시대와 세대가 변해도 일 문화 관점에서는 직원들에 대한 관심과 애정을 강조하는 것을 너무 조심스러워하지 않기를 바란다. 아직은 직원들이 세상이, 기업이 따뜻하다고 느끼기를 바란다.

일하는 마음을
만드는 피플실

"일 문화 정말 중요하죠. 그래서 많은 기업에서 인사팀이
나 성장팀을 만들어요. 규모가 큰 기업에는 기업문화팀이 존
재하기도 하죠. 피플실은 그런 부서들과 다를 것 같은데 어떤
일을 하나요?"

피플실은 2013년 피플팀으로 시작, 2019년 후반부터 지
금처럼 확장해 피플실로 불린다. 2014년 피플실에 합류한 뒤
지금까지 내가 팀원들과 함께 일 문화를 만들며 알게 된 피플
실의 역할은 다음과 같다.

① 연결하기

피플실은 우아한형제들이 중시하는 가치와 일 문화를 구성원들에게
연결하는 브릿지bridge 역할을 한다. 김봉진 의장은 창업 초기에 '좋

은 기업'에 대한 구성원들과의 대화를 통해 '비전' '성장' '소통' '존중'이라는 네 가지 핵심 가치를 도출했다. 피플실은 그중 '소통'에 초점을 맞춰 커뮤니케이션에 세심하게 신경 쓴다. 또 우아한형제들의 방향과 핵심 가치를 구성원들에게 수시로 공유하며 이들이 자연스럽게 우리다운 의사 결정을 할 수 있도록 싱크sync를 맞춰나간다. 즉 우아한형제들과 구성원 간의 연결 고리인 셈이다.

② 경험 만들기
입사 첫날부터 퇴사하는 마지막 순간까지, 구성원들이 일터에서 겪는 크고 작은 경험을 만든다. 구성원과 우아한형제들의 소중하고 의미 있는 날을 함께 기념하고 축하하는 이벤트를 열고, 구성원들이 소속감과 애정을 느낄 수 있도록 행복한 경험을 만들어 일에 더욱 몰입할 수 있도록 한다.

③ 빈 곳 찾아내기
다른 말로 '주인이 없는 일을 찾아서 하는' 역할이다. 피플실은 우아한형제들의 핵심 가치에 부합한다면 두 팔 걷고 나서기 때문에 일을 칼로 무 자르듯 명확하게 구분하지 않는다. 우리답게 일하는 데 필요하다면 무엇이든 진지하게 고민하고 실행한다. 때로는 부서들 간의 협업을 조율하거나 구성원들의 불편을 발견하고 개선한다. 그렇게 빈틈을 메우며 조직을 더 탄탄하게 한다.

④ 함께하기
피플실을 "구성원들과 함께 우아한형제들답게 일하기 좋은 문화를 만들어 가는 곳입니다"라고 소개한다. 피플실이 하는 모든 일의 중심에 구성원이 있다. 예를 들어 재택근무를 시작하기 전까지 '피플이'라는 제도를 두어 구성원 스스로 피플실이 되어 일하기 좋은 환경에 필요한 사무실 정비부터 이벤트, 전사 행사까지 함께 기획했다. 구성원들이 우아한형제들의 핵심 가치인 소통과 존중을 경험하게 하는 것이다.

회사를 사랑할 수 있을까?

피플실에서는 무슨 일을 하느냐고 물으면 한 문장으로 대답하기가 참 어렵다. 그러나 핵심은 이것이다. 구성원들이 우아한형제들을 사랑하게 하는 것. 사람 간에도 애정이 있으면 상대가 실수나 잘못을 해도 연민부터 느낀다. '그럴 수도 있지' '그래도 괜찮아' '우리 다시 같이 해보자' 하는 마음이 있으면 조직은 다시 일어설 수 있는 힘을 갖게 된다. 피플실은 구성원들이 일하면서 '행복하다' '참 따뜻하다' '존중받고 있다' 같은 감정을 느끼게 하고, 우아한형제들을 좋아하고 회사가 잘되길 바라는 마음이 들게 한다.

우아한형제들의 일 문화는 구성원들의 적극적인 참여와 지지가 없으면 완성되지 않는다. 그래서 피플실은 구성원들이 우아한형제들의 일 문화를 만드는 데 자발적으로 함께할 수 있도록 다양한 전략으로 유도한다.

피플실은 작은 이벤트라도 다수가 참여할 수 있는 시간 대를 분석해서 계획하고, 참여하지 않아도 불이익을 받지 않도록 섬세함을 발휘한다. 그리고 예측 가능한 경험이 되지 않게 항상 의외성을 두고 치밀하게 설계한다. 같은 밸런타인데이 이벤트라도 올해는 초콜릿을 구성원들끼리 나눠 먹는 내용이었다면, 이듬해는 구성원들이 사랑하는 사람에게 선물할 수 있도록 직접 초콜릿을 만드는 내용으로 꾸린다. 초복에는 삼계탕처럼 쉽게 떠올리는 음식 대신 '더위 탈출 초복 휴게소'를 열어 위트 있게 더위를 식히도록 한다.

피플실은 이렇게 구성원들에게 그냥 주고 마는 선물, 잠깐 하고 마는 이벤트가 아니라 똑같은 선물과 이벤트도 우아한형제들답게 진지함과 위트를 담아내기 위해 노력한다. 디테일이라 쓰고, 전략이라 읽는 셈이다.

일터를 실험하는 안전장치, 베타

기업의 제도는 만들기 쉽지만 유지하기 어렵고 없애기는 더 힘들다. 복지처럼 느끼던 제도가 없어지면 구성원들이 그동안 누리던 혜택이 사라진다고 생각하기 때문이다. 제도를 없앨 때는 이를 감수할 만한 더 큰 이익이 동반되어야 직원들의 불만을 잠재울 수 있다. 그래서 우리다운 일 문화를 만들기 위해서 새로운 시도를 할 때는 신중해야 한다. 그런데 지나치게 신중하다 보면 실행하지도 못하고 타이밍을 놓쳐서 또는 환경이 변해서 무산된다. 이럴 때 좋은 방법이 바로 '베타 beta(정식 시행 전 시험 단계)'다.

우아한형제들이 4.5일 제도를 도입할 때 베타를 활용했다. 4.5일 제도는 스타트업의 특성상 야근이 많은 직원들에게 삶의 활력을 불어넣기 위해 시간을 선물하는 제도다. 우아한형제들은 일할 때는 열심히 일하고, 쉴 때는 푹 쉬자는 취지로 매주 월요일은 오후 1시에 출근해서 업무를 시작한다. 4.5일 제도를 발표할 때 우아한형제들이 이 제도에도 성과를 잘 낼 수 있다는 걸 증명하면 우리처럼 근무시간을 단축하는 기업이 많아질 테지만, 성과를 내지 못하면 이런 제도가 유지되기 어려울 수 있다고 말했다. 그래서 우아한형제들은 4.5일 제도를 공표하며 베타라고 덧붙였다. 우리가 일을 잘하는 데 이 제도가 방해가 된다면 사라질 수 있다는 걸 구성원들에게 알리기 위해서였다.

또 다른 사례가 있다. 한동안 가족이나 지인이 회사를 상시 방문할 수 있게 해달라는 구성원들의 요청이 많았다. 운영 및 보안 등의 문제로 선뜻 제도로 만들기는 어려웠지만 시도해보지도 않고 안 된다고 결론을 내리기에는 아쉬웠다. 그래서 우아한형제들은 베타라는 명목으로 회사를 시범적으로 두 달간 개방하기로 했다. 이후 구성원들의 이용 현황과 피드백을 받아 경험을 개선해서 두 번째 베타를 시험했다. 이렇게 베타를 통해서 여러 변수를 경험해보며 우리만의 기준을 마련하고, 구성원 경험을 조금씩 개선해나가며 우리만의 문화를 만들어가고 있다.

지금 우리 기업에 필요한 제도라고 판단되면 우선 작게 시작해보자. 베타라는 이름으로 말이다. 우아한형제들은 이렇게 작은 규모로 여러 번 시도해보면서 우리가 의도한 목적이나 가치를 구성원들이 제대로 경험할 수 있는지, 지속하기 어렵지는 않은지, 부정적인 효과는 없는지, 개선할 점은 없는지 중간 점검하며 제도를 공식적인 구성원 경험으로 정착시키는 프로세스를 거친다. 특히 우아한형제들의 규모가 커지고 인원이 늘면서 이런 '작게 시작하기'는 꼭 거쳐야 하는 단계가 되었다. 우아한형제들의 장인성 CBO는《마케터의 일》에서 대단한 일을 찾아야만 몰입할 수 있는 것은 아니며, 작고 사소한 것, 그런데 어쩐지 마음이 쓰이고 좋아하는 것로부터 시작해보라고 조언한다.

이 글을 읽는 조직 문화 담당자들 중 무엇인가 시도해보기는 해야겠는데 어떻게 할지 모를 때는 하나의 조직, 혹은 한 명의 구성원을 떠올리고 경험을 기획해서 베타로 실행해보기를 추천한다. 처음부터 기업의 공식적인 경험으로 만들려고 하면 부담스럽다. 작게 시작해서 크게 키우는 방법으로 접근한다면, 그런 부담은 줄이고 점점 개선해나가며 좋은 경험으로 정착시킬 수 있다.

강력한 규칙 하나만 남겨라

음식을 많이 먹으려면 많이 시켜야 하듯이 책을 많이 읽으려면 먼저 많이 사야 한다.

– 김봉진, 《책 잘 읽는 방법》

우아한형제들은 제약을 많이 두지 않는다. 단, 강력한 규칙을 하나 둔다. 이 규칙을 시도해보고 부정적인 면이 더 크고 의도대로 적용되지 않으면 재고한다. 강력한 규칙 하나를 세우고 나머지를 구성원 자율에 맡길 수 있는 이유는 구성원을 신뢰하기 때문이다. 강력한 규칙 아래 서로 약속을 잘 지키는 것이 핵심이다.

제약을 만들기 시작하면 끝이 없다. '이건 될까?' '저건 안 되겠지?'라고 직원들이 의심하며 다른 제약들이 꼬리에 꼬리를 물면서 오히려 허들이 많은 제도가 되어버린다. 그런데 큰 규칙 하나만 남겨놓으면 그것이 가이드가 되어 직원들이 그 규칙 안에서 자연스럽게 움직이게 된다.

우아한형제들에는 '자기 성장 도서비 지원 제도'가 있다. 구성원 본인의 성장에 도움이 된다면, 다양한 종류의 도서를 마음껏 사서 읽을 수 있도록 비용을 지원하는 제도다. 단, 책을 만나는 경험을 더 많이 하길 바라는 의미에서 오프라인 서점에서 책을 사는 경우만 지원한다. 무제한으로 책을 살 수 있는 이 제도에 대해 다른 기업의 조직 문화 담당자들의 관심이 정말 뜨거웠다. 그들이 항상 궁금해하던 것이 있다. "정말 성장에 도움이 되는 책을 샀는지 어떻게 알 수 있나요?" "책을 읽었는지 어떻게 공유하나요?" "책을 다 읽으면 어떻게 하나요?" 등이다.

자기 성장에 도움이 되는지는 스스로 판단하면 된다. 기업에서 세세한 가이드를 하는 순간 더 많은 기준이 필요해진다. 자기 성장 도서비 지원 제도 역시 '19금' 도서는 불가하며, 한 번에 전집을 구매해서는 안 된다(나와 잘 맞는 책인지 확인하는 시간을 주기 위해서다)는 규칙과, 나의 성장과 관계가 없으므로 선물용은 살 수 없다는 단순한 규칙만이 전부다. 제도가 시행되는 사이 목적에 맞지 않게 사용하는 사례가 늘어나서 만화나 잡지가 구매 불가 항목에 추가되었을 뿐, 나머지는 전처럼 운영 중이다.

또 독후감 제출 등으로 책을 정말 다 읽었는지 확인하지 않는다. 이 제도는 구성원들에 대한 신뢰를 바탕으로 시작해 다양한 책을 통해 구성원들이 성장하길 바라는 우아한형제들의 마음을 담아 아직까지 잘 운영되고 있다.

실제로 제약을 많이 두는 커뮤니케이션을 했던 A사의 담당자는 오히려 제약이 많다 보니 이렇게 해도 되는 것인지 확인하는 질문이 쏟아졌다고 한다. 직원들 좋으라고 만든 제도인데 오히려 불만이 되어 돌아오기도 했다. 실제로 픽사 창업자 에드 캣멀은 창의적인 일 문화를 위해서는 너무 많은 제약을 만들지 말라고 한다. 제약은 경영자에게는 편리한 도구지만, 제대로 일하는 95퍼센트의 직원에게는 모욕이 될 수 있다는 것이다. 나머지 5퍼센트를 규제하려 들지 말고, 상식을 벗어나는 문제를 일으키는 직원에게 개별적으로 접근해야 하며, 이 경우 경영자가 해야 할 일은 많아지지만, 조직은 더 건전해진다고 조언했다.

피플실 역시 제약이 많은 제도는 좋지 않다고 생각한다. '제약이 많다면 안 하는 게 맞지 않나?' '굳이 이렇게 제약이 많은데 왜 하는 것일까?' 등 허들이 많은 제도는 조직에서 근본부터 다시 고민해야 한다. 왜 이것을 하려고 하는지, 그런데 왜 이런 허들을 둘 수밖에 없는지 등을 따져보며 목표를 검토해야 한다.

그래서 앞에서 설명했듯 베타로 운영하는 것이 필요하다. 베타로 시행하고 직원들의 피드백을 받아보면서 좋은 방향으로 수정, 보완해나가는 것이다. 그래서 최종적으로는 규정과 가이드가 최소화된 제도가 되도록 말이다. 다음 장에서 직원들과 함께 일하기 좋은 문화를 만드는 방법을 구체적으로 소개하겠다.

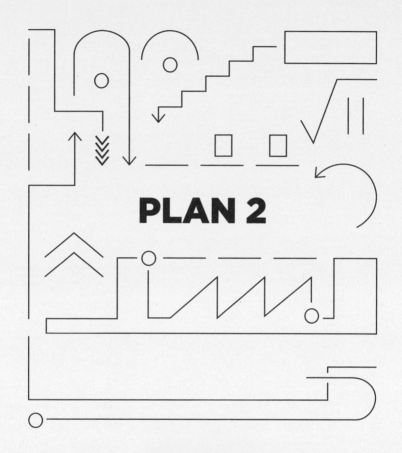

PLAN 2

일터의
언어를 만들다

: 사내 커뮤니케이션 패러다임 혁신 전략

두려움 없는 소통

질문을 겁내지 않는 팀

이 일을 하는 동안 중소기업부터 대기업, 공공 기관까지 약 100곳이 넘는 조직 문화 담당자를 만났다. 그들이 공통적으로 토로하는 고민이 있다. 직장, 학교, 가정 등 관계를 이루는 모든 집단에서 가장 중요한 키워드인 '소통'에 관한 것이다. 그들의 단골 질문을 정리해보면 다음과 같다.

"직원들과 소통하기 위한 간담회 등이 있나요?"
"기업에서 소통을 위한 노력을 하면 참여율이 높나요? 직원들 반응은 어떤가요?"
"대표와 소통하는 시간을 1년에 몇 번 정도 가지나요?"
"톱다운과 보텀업 중 어떤 방식으로 소통하나요?"
"MZ세대와 소통하기 위해 어떻게 노력하나요?"

"재택근무로 만날 수가 없는데 어떻게 소통하나요?"

특히 기업과 직원들이 소통할 수 있는 프로그램, 조직에서 의견을 나누는 방식, 세대 간의 갈등에 대한 질문이 많았다. 그들은 좋은 일 문화를 고민하며 여러 가지 방법을 시도하고 있었다. 하지만 소통의 본질을 놓치는 경우가 많아 안타까웠다. 다음은 다른 기업의 조직 문화 담당자들의 질문에 대한 나의 조언을 재구성해본 것이다.

"저희도 회사에 익명으로 의견을 남길 수 있는 제도가 있어요. 그런데 질문이 많이 올라오지 않아요."

이 경우 익명으로 의견을 자유롭게 남길 수 있는 제도가 있음에도 직원들이 질문을 올리지 않는 '이유'에 초점을 맞춰야 한다.

"1년에 한 번씩 사장님과 함께 이야기를 나누는 간담회가 있지만 참여율도 저조하고 질문이 많지 않아요."

경영진과 운영진 입장이 아닌, 직원들 입장에서 간담회의 의미를 생각해봐야 한다.

"저희 조직은 톱다운 방식의 의사 결정이 많아요. 우아한형제들은 보텀업으로 소통할 것 같아요."

우아한형제들도 톱다운으로 의사 결정을 할 때가 많다. 다만 어떤 일은 보텀업으로 진행한다. 우아한형제들은 두 방식을 병행하고 있다.

"MZ세대와 소통하기 어려워하는 리더가 많아지고 있어요. MZ세대만을 위한 소통 문화를 만들고 있나요?"

기업의 일 문화는 특정 세대를 위한 것이 아니다. MZ·X·Y 세대를 구분 짓기 전에 우리 기업이 어떻게 직원들과 소통해야 하는지 고민하고 우리답게 잘 소통하기 위해 계속 노력해야 한다. MZ세대라서가 아니라 일을 잘하기 위해서 소통 방식을 고민해야 하는 것이다.

정답은 없다. 하지만 소통이 잘되는 문화는 특정 프로그램 한두 개로 만들 수 있는 것이 아니며, 몇 번의 이벤트성 경험으로도 이룰 수 없다. 또 무조건 보텀업만이 좋은 소통 문화라고 생각하지도 않는다. 우아한형제들에서 일 문화를 만들며 알게 된 소통의 본질은 기업과 직원들이 끊임없이 서로 대화를 주고받으며 노력해야 한다는 것이다. 소통이 잘 이루어지

는 일 문화를 위해 다양한 커뮤니케이션 기술을 알려주는 것
도 중요하지만 그보다 앞서 실행해야 할 것이 있다. 우선 특정
문제에 대해 서로 궁금하지 않도록 위아래로 꾸준히 이야기
를 나누는 것이고, 이보다 더 중요하지만 많은 기업이 놓치곤
하는, 서로 존중하는 마음을 잘 전달하는 것이다. 올바른 소통
문화에는 이 두 가지가 모두 반영되어야 한다.

　전 직장에서 나는 조직의 소통을 활성화하기 위한 여러
교육을 했다. "소통이 잘되기 위해서는 경청과 피드백이 중요
하며, 그러려면 원활한 회의 문화를 잘 만들어야 하고 공유가
잘되는 조직이 되어야 해요"라고 누구나 할 수 있는 좋은 말만
전하던 시절이 있었다. 소통의 소疏만 알고 정말 통通하는 것이
무엇인지 몰랐던 아마추어가 전하는 메시지였다. 실제로 소통
을 잘하기 위해 무언가를 직접 해본 적이 거의 없었기 때문에
구체적인 방법 없이 글로 배운 소통을 말로 전하기 바빴다. 이
론에만 강했다고 할까. 하지만 우아한형제들에서 소통에 진심
인 리더와 동료 덕분에 직접 그 과정을 한 단계, 한 단계 실행
해나가며 진짜 소통하는 법에 가까워질 수 있었다.

낭비되는 커뮤니케이션 비용부터 절약하기

우리 업무에서 주요 문제는 본질적으로 기술적인 문제가 아니라 사회학적인 문제다.

— 톰 드마르코·티모시 리스터,《피플웨어》

《피플웨어》라는 책의 첫 장에 나오는 문장이다. 업무에서 일어나는 문제는 대부분 관계나 의사 결정 과정에서 이루어지는 소통에서 발생한다. 업무 프로세스나 기술처럼 명확하게 설명할 수는 없지만, 그보다 더 중요하게 일에 영향을 미치는 것이 소통 문화다. 분명 잘못된 판단인 것 같지만 반대 의견을 말하지 못하는 조직의 분위기 때문에 이슈를 제기하지 않아 큰 문제로 번진다거나, 감정적으로 소통하는 리더의 기분을 파악하는 데 시간을 쏟느라 일하기도 전에 지쳐버리는 상황은 주변에 흔하다.

이렇게 소통이 잘 안 되는 조직은 크고 작은 불안 요소가 모여 눈덩이처럼 불어나 조직에 조금씩 균열을 일으킨다. 대부분의 직장인이 업무 관련 소통을 할 때 상대가 어떤 의미로 한 말인지 해석하는 데 많은 시간을 쓴다. 특히 비대면으로 소통하는 원격 근무 환경에서는 일의 목적과 맥락을 파악하는 데 더 많은 시간이 든다. 대면으로 얻을 수 있는 단서가 없기 때문이다. 그래서 조직 문화 담당자들은 소통에 드는 비용을 여기저기서 줄여야만 직원들이 몰입해서 일할 수 있는 문화를 만들 수 있다.

2022년 6월 메타버스 플랫폼 오비스와 인크루트가 직장인 830명을 대상으로 한 설문 조사에 따르면, 재택근무를 경험한 62퍼센트의 사람들 중 60퍼센트가 오프라인으로 업무를 볼 때보다 협업과 소통이 편리하다고 응답했다. 반면 재택근무 중 느꼈던 애로 사항으로 시스템이나 화상 미팅에 대한 부담감보다 사내 소식 및 직원 소식을 즉시 접할 수 없는 '정보 비대칭'과 오랜 시간 설득이 필요한 '깊이 있는 대화의 어려움'을 가장 많이 꼽았다. 재택근무가 소통과 협업의 편리함이 있는 한편 오프라인에서 자연스럽게 이루어지던 소통이 비대면 상황에서는 의도적으로 노력해야만 알 수 있게 되었다는 사실을 유추할 수 있다. 조금 더 깊숙이 설문 응답을 들여다봐야 정확하겠지만 일이 잘되고 있다는 안정감을 느끼기 위해서는 결국 양방향 소통이 중요한 것이다. 그렇다면 소통이 잘되는 문화를 만들려면 어떤 준비가 필요할까.

소통의 3요소: 꾸준히, 우리답게, 존중하며

부지런히 반복한 작은 노력이 결국 성공에 이르게 한다
는 말이 있다. 모든 기업의 염원과도 같은 원활한 소통은 부지
런함이 없으면 수포로 돌아가기 쉽다. 소통 문화는 꾸준하게
식단 조절과 운동을 병행하다가 운동을 한두 회 빼먹고, 잘 챙
겨 먹던 식단을 멈추면 금방 요요가 찾아오는 다이어트와 같
다. 그래서 소통하는 횟수가 아니라 주기가 중요하다.

1. 꾸준히

우아한형제들에는 구성원들이 대표에게 궁금한 점, 회사에서 불편
을 느끼거나 개선하고 싶은 점에 대해 익명으로 자유롭게 질문하고
답변을 나누는 문화가 있다. 2015년 7월에 시작된 이 소통 문화는
현재까지 진행 중이다. 그동안 대표도 바뀌고, 업무 환경도 재택근
무로 달라졌지만 꾸준히 소통 문화를 유지하고 있다. 만약 전과 상황
이 다르다는 이유로 소통을 멈춰버렸다면 어떻게 되었을까. 조금씩
소통에 대한 갈증이 쌓이다가 어느 날 갑자기 불만의 싹이 여기저기
서 터져버릴지도 모른다. 관계로 엮인 조직에서는 묵은 마음을 털어
낼 시간이 필요하다.

한번은 남편과 크게 다툰 적이 있다. 평소 각자 역할을 분담해서 육
아를 잘해왔는데, '각자 몫을 잘하고 있으니까, 이사도 하고 일 때문
에 바쁘기도 하니까'라는 생각에 서로 요즘 어떤 일을 하고, 고민은
무엇인지 이야기하는 시간을 갖지 못했다. 그러다 누군가 무심코 툭

던진 한마디에 싸움이 시작되었고 감정의 골이 깊어졌다. 이 일을 계기로 중간중간 고마움을 더 자주 표현하고, 각자 겪고 있는 어려운 상황을 공유하는 일이 중요하다는 것을 실감했다.

가정도 이러한데 하물며 기업은 어떨까. 각각의 부서가 알아서 업무를 하더라도 일이 어디까지 진행되었는지, 요즘 동료가 어떤 고민을 하고 내가 조직에 어떻게 기여하고 있는지 이야기하는 시간이 없다면, 생각지도 못한 곳에서 오해가 생겨 일을 잘해야겠다는 마음보다는 서로 간에 벽이 더 많이 생기게 될 것이다. 여러분의 회사에는 회사에는 직원, 직원과 직원이 서로의 생각과 마음을 나누는 시간을 얼마나 자주 갖는가?

2. 우리답게

기업이 추구하는 핵심 가치와 일 문화를 소통 문화에 반영하는 것은 매우 중요하다. 또 직원들에게 일관된 메시지와 경험을 전달해야만 우리다운 소통 문화를 이어갈 수 있다. 일 잘하는 조직이 되기 위해서 소통이 바탕이 되어야 하는 것은 어느 기업이나 마찬가지일 것이다. 그렇다면 우리 기업의 소통 방식을 어떻게 바꿔야 할까? 답은 기업의 핵심 가치와 일 문화에 있다.

규율보다 자율적인 태도를 추구하는 기업이라면 이런 핵심 메시지를 정확하게 전달해야 한다. 메시지와 제약이 많은 '제도' 커뮤니케이션을 하다 보면 '겉으로만 자율'이 되거나 '규율 없는 자율'이 될 수 있다. 그래서 커뮤니케이션 담당자는 기존 제도나 기업의 방향이 어떤 핵심 가치를 포함하고 있는지 세심하게 살펴야 한다. 제약이 많은 제도는 아닌지, 전사 메시지가 핵심보다 부연 설명이 더 길지는 않은지 등을 점검하는 과정을 반드시 수반해야 한다.

결과 못지않게 과정도 중요하다고 강조하는 기업이라면 업무의 중간 과정을 조직에 공유하고 함께 점검하는 소통 문화가 필요하다. 과정의 중요성을 함께 느끼기 위해서는 조직 단위의 소통이 중간 단계에 필수로 있어야 한다. 직원들이 '우리 기업의 큰 방향은 이렇고, 우리 조직은 이렇게 가고 있구나! 나는 이 부분을 더 신경 써야 하는구나' 하고 생각하도록 조직 단위의 타운 홀 미팅 등이 꾸준하게 이루어져야 한다.

우아한형제들은 진지함과 위트 모두를 중요하게 생각한다. 일에 대한 진지함을 잃지 않으면서도 쉽고 명확하고 위트 있게 문제를 풀어 나가는 것을 추구하는 것이다. 소통 채널을 만들 때도 기업만의 이런 가치를 반영하는 것이 필요하다. 우아한형제들은 기업의 중요한 메시지를 공유하는 자리, 구성원들의 궁금증과 답답함을 함께 풀어내는 진지한 자리는 물론 쉽고 위트 있게 대화를 '티키타카' 하는 채널도 운영하고 있다.

구성원들이 메시지를 전달받는 접점마다 기업이 중요하게 여기는 핵심 가치와 일 문화를 담아내는 것이 우리답게 소통하는 길이다. 성숙한 소통 문화는 의사 결정에도 기업의 핵심 가치와 일 문화가 반영될 수 있도록 돕는다. 소통 과정에서 일 문화를 느끼게 하는 것이야말로 진정한 핵심 가치의 내재화가 아닐까.

3. 존중하며(심리적 안정감)

마지막으로 진정으로 소통하는 기업이 되기 위해서는 직원들이 존중받는다고 느끼게 하는 것이 중요하다. 존중의 톤 앤드 무드는 기업이 쓰는 언어에 나타난다. 이 책을 읽고 있는 여러분의 리더가 혹은 여러분이 자주 쓰는 표현을 떠올려보자. 어떤 사람이 사용하는 언어에서 그 사람의 생각이나 가치관을 느낄 수 있다. 그러므로 기업은 직원들과 소통할 때 쓰는 말과 글에 존중하는 마음을 담아야 한다.

또 소수의 의견도 존중하고, 기업의 건강한 성장과 성과를 위해서라면 어떤 의견이든 나눌 수 있는 분위기를 만들어야 한다. 《두려움 없는 조직》을 쓴 하버드 경영대학원의 에이미 에드먼드슨 교수는 넓은 의미에서 심리적 안정감은 '조직 구성원이 자유롭게 의사소통할 수 있는 분위기'라고 정의한다. 즉 실수나 우려 사항도 기꺼이 이야기 할 수 있는 기업이 직원들의 심리적 안정감이 크다. 그 시작은 바로 존중하는 마음이다.

또 존중의 시그널이 일 문화에 존재해야 한다. 채용할 때만 "당신을 최고로 모실게요!"가 아니라 '직원들이 함께 성과를 내는 과정에서 나를 소중한 동료로 여겨주는구나' 하는 마음이 들어야 한다. 또 어려운 문제가 발생했을 때도 서로 탓하지 않고 해결 방법을 찾기 위해 함께 힘을 모을 준비가 된 기업이어야 한다.

좋은 일 문화를 만들기 위해서 가장 중요한 게 무엇이냐 묻는다면, 나는 직원에 대한 애정과 존중의 마음이라고 대답할 것이다. 얼마 전 유튜브에서 본 유현준 교수의 강연이 생각난다.

"사람들이 여행을 가면 처음에 그 도시를 사랑하게 되지 못하는 이유 중 하나가 도로망을 파악하지 못해서라고 그래요. 내가 언제 길을 잃을지 모르고 낯선 공간이 두려운 거예요. 그 도시가 좋아지기 시작하는 시점은 도로망을 좀 파악하고 길을 잃지 않을 것 같다 라는 안도감이 들 때부터 좋아진대요."

소통도 마찬가지다. 기업의 커뮤니케이션 흐름을 파악하고 온도를 느끼게 하는 '여행지의 도로망' 같은 것이다. 기업이라는 새로운 조직 안에서 함께 어울려 일을 잘하기 위해서는 길을 잃지 않도록 해주는 보이지 않는 도로망, 소통이 중요하다. 이제 조직 문화 담당자가 조직의 소통을 원활하게 하기 위해 시도할 수 있는 몇 가지를 소개하겠다.

톱다운과 보텀업의
조합

　기업의 핵심 가치를 직원들에게 흡수시키기 위해서 조직 문화 담당자는 기업과 직원 사이의 일 문화 싱크를 계속 맞춰야 한다. 흔히 말하는 '기업 핵심 가치의 내재화'가 되려면 기업의 지식과 문화 같은 형식지(암묵지가 명시적인 형태로 나타난 것)가 직원들에게 암묵지(경험과 학습으로 쌓인 무형의 지식)로 변해 내재화되는 순환이 필요하다. 이것이 반복되면 직원의 생각과 행동에 핵심 가치가 스며들어 그들이 자발적으로 이를 표현하게 된다. 이런 내재화를 잘하려면 전사 소통 문화를 만드는 게 먼저다.

　전사 소통을 할 때는 톱다운, 보텀업 대화를 모두 보장하는 것이 중요하다. 대화가 위아래로 잘 흐르게 하는 것은 당연한 이야기다. 팀 단위의 소통은 리더나 직원이 조금만 마음먹으면 당장 해볼 수 있다고 느낄 만큼 작은 규모로 여러 방법을 시도하기 때문에 소통의 싱크를 서로 맞춰나가는 데 부담이 적다. 그런데 직원들 각자가 노력하더라도 기업 전체가 소통이 잘된다고 느끼기 어렵다. 이런 소통 문화는 한두 번 시도한다고 되는 게 아니다. '꾸준히' '우리답게' '존중하며' 계속해야만 직원들은 소통이 잘된다고 느낀다.

대표와 경영진이 전달하는 메시지는 강력하다. 대표성을 띠기 때문이다. 기업의 소통 문화를 통해 직원들은 기업의 일 문화와 핵심 가치를 흡수한다. 그러므로 기업은 우리가 어떤 핵심 가치에 따라 어떻게 의사 결정을 내리는지, 어떤 의미를 추구하는지 수시로 조직에 공유해야 한다. 이렇게 일 문화의 싱크를 맞추는 과정을 꾸준히 하면 기업이 굳이 알리지 않아도 직원들이 자발적으로 핵심 가치대로 움직이는 성숙한 문화로 발전하게 된다.

"질문하라, 반대하라, 제안하라"

일의 진행 과정부터 현재 겪고 있는 어려움까지 서로 알기 위해서는 기업 단위의 공유 문화를 만들어야 한다. 소통 문화에는 일의 진행 과정, 조직이나 직원들이 겪고 있는 어려움을 서로 공유하는 것도 포함된다. 예를 들어 전사 발표 시간을 통해 함께 일한 직원들끼리는 서로 결과를 공유하거나 회고하고, 다른 직원들은 자신이 담당하지 않은 영역에서 진행된 일을 자신의 일에 연결해보며 일의 맥락을 되짚을 수 있다.

우아한형제들은 매월 둘째 주 수요일에 한 시간 동안 전사 소식을 구성원들과 공유하는 '우아한데이(전사 발표)'를 진행한다. 비즈니스 성과부터 신규 추진하는 일의 배경, 새롭게 도입하는 제도까지 '깨알같이' 알린다. 최근에는 더 다양한 조직과 직군의 대표가 발표자로 나서 평소에 알기 어려웠던 조직 구석구석의 일을 전달하거나, 해당 프로젝트를 책임진 실무자가 기획 과정과 결과를 발표하기도 한다. 한 공간에 모두 모이던 시절에는 우아한형제들에서 가장 큰 공간에서 발표를 들었다. 그러다 인원이 많아지고 사용하는 사무실이 늘어나면서 현장에 참석하거나 생중계로 시청하도록 선택지를 주었다. 소통 문화를 이렇게 유연하게 훈련한 덕분에 코로나19 사태로 오프라인 모임이 어려워졌을 때도 전 구성원과 생중계로 소통 문화를 이어갈 수 있었다.

나아가 코로나19가 재확산되던 2022년 3월에는 발표자가 확진될 경우까지 대비해 발표 장면을 줌으로 사전 녹화해 송출했다. 이때 구성원들에게 받은 피드백이 기억에 남는다. '소통에 진심인 기업.' 어떤 상황이 오더라도 전 구성원에게 메시지를 전달하는 문화를 이어가는 모습을 통해, 구성원들은 소통을 잘하는 것이 우리의 일 문화라는 사실을 느꼈을 것이다. 말로만 소통을 강조하는 것이 아니라, 기업이 이를 어떻게 지속하는지 보여주고, 직원들이 그 과정에 직접 참여하게 함으로써 겉으로만 존재하는 문화가 아니라 실제로 작동하는 문화로 믿게 하는 것이 중요하다.

이런 소통 문화는 직원들이 일을 잘하기 위한 문화를 만드는 여러 기업에서도 활발히 적용하고 있다. 특히 1999년 구글의 공동창업자 래리 페이지와 세르게이 브린은 매주 한 시간 30분 정도를 임원부터 인턴까지 참여해 서로의 일을 공유하고 자신의 생각을 발표하고 대답을 듣는 TGIFThank you God. It's Friday 회의를 만들었다.

구글의 사례는 다른 스타트업들의 회의 문화에 영향을 주었다. 구글은 코로나19 사태 이후 대면 소통이 더 어려워지고, 직원 수가 기하급수적으로 늘어나자 회의를 효율적으로 진행하기 위해 TGIF를 기업 내 문제를 다루는 타운 홀 미팅과 비즈니스 전략에 중점을 둔 월간 회의로 분리했다. 구글은 한동안 임직원 갈등이 고조되어 소통을 잘하는 기업이라는 초기 명성이 빛바랬다는 평도 있지만, 그럼에도 1999년부터 지금까지 양방향 소통을 위해 노력하는 모습이 인상 깊다.

한국의 사례로는 토스를 운영하는 핀테크 기업, 비바리퍼블리카가 있다. 비바리퍼블리카는 매주 금요일 12시 전 직원이 사업 전략 등 주요 안건을 공유하는 전사 위클리 미팅을 한다. 비바리퍼블리카의 일 문화를 다룬 다큐멘터리 〈핀테크, 간편함을 넘어〉에는 대표의 생각에 적극적으로 반대 의견을 말하는 직원들의 모습이 나온다. 전사 위클리 미팅에서 대표는 어떤 일을 하는 이유를 제시하고, 직원들은 이것이 불합리하다 판단되면 거부권을 행사할 수 있다. 전사 위클리 미팅은 위계 구조가 아닌 수평적 관계를 지향하는 비바리퍼블리카의 핵심 가치를 반영한 소통 문화다.

카카오에서는 T500이라는 전사 온·오프라인 미팅이 있다. 'Thursday 5:00'의 줄임말로 부정기적으로 목요일(또는 화요일) 오후 5시에 소통하기 때문에 T500이라고 부른다. 경영진과 임직원이 자유롭게 카카오의 현안을 토론하고 주요 정책이나 생각을 공유하는데 참석자를 제한하지 않고, 참여의 자율성을 보장한다. 이 미팅은 '내부 직원들끼리는 모든 것을 공유하고 외부에는 공유하지 않는다'라는 카카오의 일 문화와 밀접한 관련이 있다. 또 아지트Agit라는 협업 툴을 활용해 자유롭게 정보를 나누고 피드백을 나눌 수 있다.

최근에는 SKT에 새로 부임한 CEO가 직원들과 직접 소통하는 온라인 채널을 마련해, 실시간으로 채팅창에 올라오는 직원들의 질문 중 까다로운 것까지 진정성 있게 답변하면서 직원들과 말랑말랑하게 소통하는 기업이라는 것을 대내외적으로 보여주기도 했다. 일하기 좋은 문화를 만들기 위한 기업의 노력으로 직원들에게 가장 크게 와닿는 것이 이런 소통의 움직임이 아닐까.

비대면 근무의 열쇠, 타운 홀 미팅

소통 문화 외에도 놓치지 말아야 할 것이 있다. 바로 (조직 단위의) 공유 문화다. 500명 미만 규모에서는 기업 단위의 공유만으로도 기업의 의사 결정 이유와 우리가 중요하게 몰입해야 할 핵심 가치가 조직 사이사이에 잘 전달될 수 있다. 하지만 500명 이상, 1,000명 이상 규모가 되었을 때는 조금 더 작은 단위로 조직별 공유 문화를 탄탄하게 만들어야 한다. 특히 비대면 업무 환경에서 소통에 허들이 있는지, 일은 어떻게 진행되고 있는지 수시로 확인하기 위해서는 전 직원을 대상으로 한 메시지를 전달한 다음에 조직마다 이를 공유하는 중간 단계도 필요하다.

우아한형제들은 코로나19 사태로 재택근무를 시작했지만 소통 문화를 잘 유지했다. 그러나 서로에 대한 이해가 조금씩 부족해지고 있다는 시그널이 감지되었다. 또 구성원들이 비대면 업무에 적응한 지 1년 정도 지난 시점에는 부서 및 부문 간 업무를 더 잘 이해하고 소통을 활성화하기 위해서 새로운 타운 홀 미팅을 운영하면 좋겠다는 의견도 나왔다.

기업 단위로 싱크를 맞추는 것은 전사 발표와 우아한 수다타임 등을 통해서 계속하고 있었지만, 더 작은 조직이나 사업 부문의 방향성을 살펴보는 시간은 부족했다. 그래서 실室, 부문 단위의 타운 홀 미팅을 통해서 조직의 이야기를 더 자주, 많이 나누며 생각과 목표를 한 방향으로 맞추는 기회를 만들기로 했다. 소통을 잘하는 조직에서는 이미 타운 홀 미팅을 하고 있었다. 소규모로 이루어지던 타운 홀 미팅을 우아한형제들의 공식적인 소통 문화로 만들기 위해 피플실은 타운 홀 미팅을 잘하고 있는 조직은 더 잘할 수 있도록, 처음 하는 조직은 쉽게 시작할 수 있도록 돕기로 했다.

우선 우아한형제들만의 타운 홀 미팅 문화의 키워드를 찾기 위해서 이를 잘 활용하고 있는 조직의 미팅을 참관해 인터뷰와 설문 조사로 피드백을 받았다. 이때 피플실에 가장 큰 영감을 준 조직이 있다.

활용1. 일의 맥락을 알고 싶을 때

10개가 넘는 팀을 이끌던 A 조직장은 각 팀이 어떤 목적으로 일하는지 서로 잘 알도록 공유하는 데 어려움을 겪었다. 그래서 타운 홀 미팅을 마련해 팀 간의 업무 연관성을 알게 하고 조직이 어떤 방향으로 함께 나아가고 있는지 공유했다. 특히 개발팀은 본인들이 만드는 서비스의 비즈니스 가치를 판단하기 어려운데, 서비스 성과를 알 수 있는 지표를 다른 팀들과 공유하며 자신들이 하는 일의 영향력을 잘 이해할 수 있었다. A 조직장은 타운 홀 미팅이란 "동료들이 하는 일의 영향력을 설명하는 자리"라고 정의하며 "내 일이 아니어도 실에서 일어나는 일에 구성원들이 관심을 갖게 하는 것이 중요하다"라고 말했다. 이렇게 일의 맥락을 공유하는 타운 홀 미팅을 경험한 구성원들의 피드백은 다음과 같다.

"우리의 의사 결정이 어떻게 이뤄진 것인지 이해할 수 있었습니다."
"수치를 통해 하고 있는 일의 영향력과 성장세를 확인할 수 있었습니다."
"다른 부서에서 진행하는 일까지 한눈에 볼 수 있어 좋았습니다."

활용2. 조직의 친밀감을 키우고 싶을 때

B 조직장은 대면으로 일할 때는 차 한잔, 밥 한 끼 하며 가볍게 친해질 수 있던 관계도 비대면 업무 환경에서는 소통이 원활하게 이루어지지 않는 걸 느끼고 이를 해결하기 위해 온라인으로 타운 홀 미팅을 진행했다. 이 자리에서는 신규 입사자와 구성원이 서로 자기소개를 하거나 채팅을 통해 잡담 같은 이야기를 나눴다. B조직장은 인터뷰에서 대면으로 타운 홀 미팅을 했을 때보다 좀 더 활발하게 소통할 수 있었다는 후기를 들려주었다.

이 조직은 평소 밀접하게 협업하는 팀으로 이루어졌다. 업무에 대한 이해는 높았으나, 서로 교감을 나눌 수 있는 시간이 없어서 심리적 거리가 조금씩 생기기 시작했다. 그러나 타운 홀 미팅을 통해 서로를 알아가는 시간을 보낸 뒤 분위기가 조금씩 좋아졌다. B 조직장은 앞으로도 온라인으로 소통하는 기회를 많이 만들기로 했다.

"타운 홀 미팅 덕분에 다른 조직의 동료들을 만날 수 있어 좋았습니다. 코로나 시국에 꼭 필요한 시간이 아닐까요!"
"팀 전체가 함께 긍정적인 기운을 느낄 수 있는 시간이었습니다."

피플실은 이 두 사례를 통해 타운 홀 미팅이 업무의 맥락을 공유하는 것뿐만 아니라 서로 교류하는 소통의 장이라는 것을 알았다. 이런 피드백들을 기반으로 우아한형제들만의 타운 홀 미팅 문화를 만들기 위해서 해결해야 하는 포인트를 정리했다.

1. 양방향 소통

첫 번째 VOE 실 단위로 구성원들이 서로 편하게 질문을 주고받는 시간도 있으면 좋겠습니다.

고민 그런 시간을 만들려면 어떤 지원이 필요할까?

두 번째 VOE 참여자가 너무 많아 주제에 대한 집중도가 떨어지고, 정보 전달이 일방적이기 때문에 이 시간이 그리 유익하지 않다고 느낄 때가 많습니다.

고민 양방향 의사소통이 가능해 구성원들이 실명으로 질문하고, 리더가 공식적인 자리에서 답변을 제대로 하는 것이 쉽지 않을 것 같은데, 익명 질문 시스템 등을 만들어 서로 더 편하게 의견을 이야기할 수 있는 환경을 마련한다면 어떨까?

2. 미팅 내용 기록과 공유

첫 번째 VOE 미팅이 업무에 유용하기 때문에 미팅 영상과 사용된 자료를 조직에 공유하고 이를 보관해서 언제든지 보고 싶습니다.

고민 기록을 공유하는 문화를 만들려면 어떻게 해야 할까?

두 번째 VOE 타운 홀 미팅에서 나눈 이야기를 다시 볼 수 있는 공간을 만들어 주세요. 타운 홀 미팅에 접속하지 못하거나, 과거에 어떤 이야기를 했는지 가물가물할 때가 많더라고요.

고민 타운 홀 미팅 전에 미팅의 어젠다를 공유해 구성원들의 관심을 끌 수 있는 방법이 있을까?

3. 우리 기업만의 강점

첫 번째 VOE 우아한형제들의 강점인 '사람을 챙기는' 콘텐츠가 있으면 어떨까요?

고민 타운 홀 미팅에서도 "그래, 이게 우아한형제들이지!" 하는 포인트는 뭐가 있을까?

두 번째 VOE 타운 홀 미팅의 분위기가 다소 경직될 수 있습니다. 부드러운 분위기를 유도해주세요. 우아한형제들의 특기인 간단한 이벤트 등을 하면 구성원들이 좀 더 집중하고 편안하게 참여할 수 있지 않을까요?

고민 이런 분위기를 조성하기 위해 우아한형제들의 커뮤니케이션은 어떤 일을 해야 할까?

*VOE voice of employee : 이 책에서는 타운 홀 미팅에 관한 구성원들의 의견을 말한다.

피플실은 이런 고민들을 해결하기 위해 가이드를 만들었다. 다만 핵심이 되는 굵직한 키워드를 공유하고 이를 기준으로 자율적으로 타운 홀 미팅을 운영하기 위해, 아주 디테일한 사항은 정하지 않았다. 또 월 1회를 권장하지만 분기별 1회는 필수라는 그라운드 룰을 정해 지속력을 높였다.

자율적으로 소통하게 했지만 이런 타운 홀 미팅을 처음 하는 조직은 가이드가 있어도 실행하기 어렵기 마련이다. 그래서 피플실은 도움이 필요한 조직은 피플실에 지원 요청을 할 수 있도록 했고, 타운 홀 미팅에 사용할 수 있는 타임 테이블부터 자료 공유 양식, 아이스 브레이킹 콘텐츠까지 만들어 온라인으로 언제든지 접근할 수 있도록 개방했다. 또 타운 홀 미팅을 잘하는 조직의 사례는 꾸준히 알리고, 이런 미팅이 낯선 조직은 마음만 먹으면 시도해볼 수 있도록 지원했다.

2021년 4월 시작하여 1년 6개월 정도 지난 지금, 타운 홀 미팅 문화는 어떻게 자리 잡아가고 있을까? 완벽히 정착했다고 말하기에는 시간이 길지 않고, 처음 하는 일을 정기적으로 하기는 쉽지 않다는 걸 느끼지만 피플실은 조직 단위로 소통을 잘해야 한다는 시그널을 계속 보내고 있다. 타운 홀 미팅의 우수 사례를 인터뷰하거나, 새로운 아이스 브레이킹 콘텐츠를 만들어 전사에 공유하고, 타운 홀 미팅의 현황도 파악 중이다.

타운 홀 미팅은 각 조직에서 실·부문 단위로 더 친밀하게 소통의 물꼬를 트게 해주었다. 비록 가이드는 해주었지만 각 조직의 성격에 맞춰 개성 있게 활용하게 되었다. 또 타운 홀 미팅 문화를 만들 때 가장 크게 고민했던 '우리만의 소통 문화' 관점에서는 새로운 구성원을 각 팀에 소개하고 구성원끼리 서로 감사한 마음을 표현하는 장치를 조직별로 깊이 고민해 타운 홀 미팅에 반영하려는 점이 인상 깊었다.

그러나 이런 노력에도 아직 한 번도 타운 홀 미팅을 진행하지 않은 조직도 있고, 주간 업무 회의 등을 통해 이미 소통을 잘하고 있다고 생각하는 조직은 타운 홀 미팅을 꼭 해야 하는지 잘 모르겠다는 의견을 내기도 했다. 이 경우 타운 홀 미팅을 통해서는 주간 업무 회의에서 나누지 못한 신규 입사자 소개 등 '사람' 관점에서 이야기를 나누는 시간으로 활용해보는 것은 어떨지 제안한다.

실제로 한 디자인 조직은 매주 화요일에 팀별 업무와 모두가 알아야 할 사항을 공유하거나, 본인이 원하는 주제로 20분 정도씩 돌아가며 발표한다. 피플실은 이렇게 소통을 잘하는 조직은 타운 홀 미팅에서 어떤 이야기를 나눌지 궁금했다. 한명수 CCO와의 인터뷰를 통해 타운 홀 미팅의 정착과 가이드에 대한 고민을 덜어낼 수 있었다.

"주간 업무 공유(뽀로롱 주간 톡톡), 타운 홀 미팅 같은 미팅을 준비할 때 가장 신경을 쓰는 부분은 구성원이에요. 일도 물론 중요하지만, 일이 잘되기 위해서는 구성원이 더 중요하기 때문에 구성원들이 기업에서 '일만 하는 사람'이 되지 않도록 할 수 있는 방법을 고민해요. 훌륭한 디자이너가 되기 위해서는 할 게 너무 많거든요. 제 가장 큰 고민이 '우리 디자이너들을 어떻게 성장시킬까'예요. 이 부분을 의식하며 이런 시간을 만들고 있어요.

타운 홀 미팅이 너무 형식화되지는 않으면 좋겠어요. 본질을 계속 볼 수 있었으면 좋겠어요. 이 타운 홀 미팅을 '왜' 하려고 하는 것인지를 끊임없이 생각하는 것이죠. 같이 이야기 나누고, 많은 걸 공유하는 자리잖아요. 그만큼 때로는 불완전한 형식도 보여주고, 구성원들이 참여하고 생각할 수 있는 여지를 열어두는 것이 중요할 것 같아요. 틀에 박힌 것을 종종 깨주는 것이 필요하다고 생각해요."

오프라인 타운 홀 미팅을 기획하고 진행한 또 다른 디자이너와의 인터뷰를 통해 우아한형제들의 타운 홀 미팅 문화를 어떻게 이어가야 할지 힌트를 많이 얻었다.

"타운 홀 미팅은 서로의 일을 공유하고 함께 소통하기 위한 것이잖아요. 평소에는 발언을 잘 하지 않던 분들도 참여하고 싶어지는 즐거운 콘텐츠, 이야기를 나누는 데 편안한 분위기를 만들고 싶어서 구석구석 재미 요소들을 채워 넣었어요."

그는 '칭찬 감옥('의외로 철두철미한 죄'처럼 반어적인 죄목을 만들어 칭찬 속에 가둔다는 콘셉트로 재미를 준 우아한형제들의 콘텐츠)' 같은 콘텐츠를 통해 타운 홀 미팅을 구성원들의 자발적 참여를 이끌어내고 있었다. 타운 홀 미팅이 어떤 소통의 장으로 작동하게 할 것인지 목표를 세우면 어떤 이야기를 어떻게 나눠야 할지 방법이 보인다.

한 기업의 조직 문화 담당자는 경영진이 주체가 된 타운 홀 미팅은 자칫 기업이 강조하고 싶은 메시지를 일방적으로 전달하는 시간이 될 것 같아, 양방향 소통 문화를 만들고 싶다며 피플실에 조언을 구했다. 이런 고민은 소통 문화를 담당하는 이들 모두의 것이 아닐까. 정답은 없지만 한 가지는 확실하다. 소통 문화에는 완결이 없다는 것이다. 예를 들어 우아한형제들은 '스타보다는 팀워크'라는 가치 아래 구성원들이 함께 일하는 것을 중요하게 여기는 만큼, 일의 맥락을 잘 공유하고 서로를 이해하는 접점이 많은 소통 문화를 조성하고 있다. 나 또한 이런 소통 문화가 우리만의 문화로 자리 잡히도록 다양한 방법을 시도하면서 빈틈을 메우고 있다.

픽사의 스토리텔링 마스터 매튜 룬은 "타인의 호감과 진심은 완벽함이 아니라, 불완전하지만 꾸준히 노력하는 모습으로 얻는다"라고 했다. 소통에는 충분함과 완벽함이 없기 때문에, 기업이 핵심 가치를 실현하기 위해 꾸준히 노력하는 모습을 보여주는 것이 직원들의 마음을 이끄는 길이다. 여러분이 리더라면, 진심으로 소통에 노력하는 모습을 통해 직원들은 조직에 애정을 갖게 될 것이다.

깨알같이 공유ㅎ

심리적 안정감을 키우는
일터의 조건

최강의 조직을 만든 다섯 가지 핵심

"솔직하지 못한 조직이 관심병사를 만든다"

심리적 안정감이 어떻게 조직의 학습, 혁신, 성장을 일으
키는지에 대해 다룬 《두려움 없는 조직》에 나오는 말이다. 이
책에서 이야기하는 심리적 안정감이 조직에 미치는 영향과
심리적 안정감을 제공하는 문화를 만드는 방법과 관련헤 몇
가지 공유하겠다. 저자 에이미 에드먼드슨에 따르면 심리적으
로 안전한 근무 환경 조성 여부는 직원들의 문제 제기에 리더
가 어떻게 반응하느냐에 달렸다. 그런데 직원들이 문제를 제
기하는 순간 리더가 화를 내거나 무시해버리면 어렵게 쌓은
심리적 안정감은 금세 무너지고 만다.

성공하는 조직의 리더라면 직원들의 문제 제기를 존중하고, 가치 있게 여기며 문제에 대한 대응 방향까지 제시할 수 있어야 한다. 자신도 얼마든지 오류를 범할 수 있다고 인정하면서 직원들에게 적극적으로 조언을 구하고, 친근한 인상을 주는 리더가 조직의 심리적 안정감을 구축할 수 있다. 안연주 실장에게 우아한형제들에 입사하고 가장 인상적이던 장면 중 하나는 김봉진 의장이 회의 중 잘 모르는 용어나 주제에 대해 솔직하게 모른다고 말하는 것이었다. 우아한형제들은 리더나 구성원이 서로 모르는 것을 물어보는 것이 어색하지 않은 문화였다.

보통은 잘 모르는 분야의 이야기가 논의되거나 생소한 용어가 나오면 괜히 질문했다가 자신이 무지해 보이거나, 불이익 또는 부정적 평가를 당할까 봐 모른 척한다. 나 또한 전 직장에서 무언가를 모른다고 말하는 것이 내 평판에 부정적인 영향을 준다는 인상을 받았기 때문에 '아는 척'할 때가 많았다. '홍시 맛이 나서 홍시 맛이 난다고' 솔직하게 말할 자신이 없었다. 누군가는 "모르는 것은 당연히 물어볼 수 있지 않나?"라고 물을 수 있다.

그러나 모르는 것에 대한 질문을 넘어서 자신의 생각을 투명하게 말하는 일은 설사 그것이 반대 의견이라 하더라도 자신이 어떠한 불이익도 받지 않으리라는 안정감의 문제다.

기업은 직원들이 좋은 질문을 던지고, 상대가 자신의 의견을 말할 수 있는 안전지대를 제공해 심리적 안정감을 조성해야 한다.

구글은 2년 이상 자사 직원들을 대상으로 200회 이상 인터뷰하고, 180개 이상의 팀을 분석한 결과 250개 이상의 속성을 통해 높은 성과를 내는 팀을 만드는 다섯 가지 핵심 요인을 찾아냈다.

1. 심리적 안정감 psychoolgical safety
팀원들은 팀 안에서 리스크를 감수하고 자신의 취약점을 드러내도 안전하다고 느낀다.

2. 신뢰성 defendability
팀원들은 제시간에 몰입해서 일을 끝내고, 구글의 높은 기준을 충족시킨다.

3. 체계 및 명확성 structure & clarity
팀원들은 명확한 역할, 계획, 목표를 가지고 있다.

4. 의미 meaning
팀원들은 맡은 일에 개인적인 의미를 부여하고 있다.

5. 영향력impact

팀원들은 자신이 하는 일의 중요성을 알고 그 일이 영향력 있다고 믿는다.

이 중 심리적 안정감은 효율적인 팀을 만드는 첫 번째 요인으로, 다른 네 가지의 밑바탕이다. 조사에 따르면 심리적 안정감이 큰 조직의 직원들은 퇴사할 확률이 적고, 동료들의 다양한 아이디어를 활용할 가능성이 높으며 기업에 더 많은 수익을 가져온다. 이 정도면 심리적 안정감을 키우는 것이 일하기 좋은 문화의 핵심이지 않은가. 이렇듯 심리적 안정감을 키우려면 어떤 소통 문화를 만들어야 할까?

픽사와 구글을 성장시킨 대화의 비밀

좋은 일 문화를 갖춘 기업으로 꾸준히 등장하는 픽사를 살펴보자. 픽사에는 정기적으로 진행하는 데일리스Dailies라는 소통 문화가 있다. 직원들이 최근의 사업 이슈에 대해 자유롭게 아이디어를 제시하고 피드백을 나누는 시간이다. 픽사는 데일리스를 통해 직원들이 각자의 목소리를 내게 하는 데 집중한다. 데일리스는 작품 제작 과정에 건설적인 피드백을 나누게 하고, 직원들의 협력 의식을 증진하는 역할을 한다.

대부분의 사람들이 좋은 일 문화는 행복하고 유쾌한 업무 환경이라고 생각한다. 그런데 정말 좋은 일 문화는 어려운 문제를 함께 해결하기 위해서 직원들끼리 충돌하기도 하고 솔직한 피드백을 주고받으며 조직을 성장시키는 것이다. 데일리스에서는 직원들이 영화의 각 장면에서 부족한 부분을 콕 집어서 꼼꼼하게 비평한다. 매 장면이 냉정한 평가를 받지만 모든 애니메이터가 이런 피드백을 환영하는 분위기다. 픽사는 데일리스를 원활히 운영하기 위해, 누군가 불완전한 작업을 공개해도, 모든 직원이 자유롭게 자신의 의견을 제안해도 괜찮다는 사실을 상기시킨다.

> 망신당할지 모른다는 두려움에서 자유로워져야 창의성을 발휘할 수 있다. 모든 직원이 문제 해결 과정에서 어떠한 제안을 하더라도 불이익을 당하지 않을 거라고 생각해야 비로소 서로 영감을 주고 배울 수 있다. 그 과정에서 사회적 보상이 생기고 생산성이 향상된다.
> — 에드 캣멀·에이미 월러스, 《창의성을 지휘하라》

픽사에는 데일리스뿐 아니라 브레인 트러스트brain trust라는 문화가 있다. 브레인 트러스트의 핵심은 '솔직함'이다. 솔직함이 없으면 신뢰도 없고, 신뢰 없이는 창의적 협업이 불가능하다는 전제 아래에 운영된다. 브레인 트러스트에서는 전 직원이 스토리 릴story reel(각본을 스토리보드로 제작한 다음 임시 음성과 음악을 넣고 편집한 스토리보드 그림들)을 보고 미흡한 점, 개선할 점, 문제점을 토론한다. 이때 중요한 것은 그렇게 진단한 문제의 해결 방법을 말하지 않는다는 것이다. 작품의 약점을 검토하고 개선점을 제안하지만, 작품을 수정하는 것은 모두 감독의 몫이라는 원칙으로 피드백을 나눈다. 픽사는 데일리스, 브레인 트러스트 같은 시간을 통해 피드백을 반복하며 작품의 수준을 향상시킨다. 이런 소통 문화를 통해 직원들끼리 불편한 이야기도 건강하게 나눌 수 있는 소통 근력을 탄탄하게 키우는 셈이다.

앞서 구글의 TGIF를 언급했다. 구글에서는 TGIF 시간에 도리dory라는 사전 질문 시스템을 활용하여 모든 직원이 질문하고 대표는 모든 것에 허심탄회하게 대답한다. 단 직원들이 투표thumb up or down해서 가장 많이 지지받은 질문에 한정한다. "래리, 당신은 이제 CEO니까 정장을 입어야 하지 않나요?" 같은 사소한 것부터 "나는 개인적으로 사생활 보호는 온라인에서 실명을 밝히지 않은 채 무슨 말이든 할 수 있는 권리까지 포함하는 것이라 생각합니다" 같은 윤리적 문제와 관련된 질문까지 모든 주제가 가능하다. 실제로 이런 질문에 영감을 받아 임원진은 2014년 구글이 만든 SNS인 구글 플러스에서 실명 대신 가명을 쓸 수 있도록 결정했다.

이렇게 '두려움 없는 조직'의 비밀을 들여다보면 직원들이 크고 작은 불만이나 제안을 언제든지 제시할 수 있는 시스템이 필요하다는 사실을 배울 수 있다. 그런 목소리들이 모두 수용되어 실제로 적용이 되든 그렇지 않든, 어떤 의견이라도 말할 수 있는 분위기를 조성하는 것이 중요하다. 이런 소통 문화를 통해서 직원들은 수평적인 소통과 높은 심리적 안정감을 경험할 수 있다.

"사소한 것을 나눠야 큰 것을 나눌 수 있어요"

우아한형제들에는 우아한수다타임이라는 소통 문화가 있다. 줄여서 '우수타'라고 부르는데, 2015년 여름부터 지금까지 매월 격주 수요일 오전 11시부터 30분 동안 진행되는 자유로운 수다 시간이다. 구성원들이 기업에 대해 궁금한 점, 불편하거나 개선하고 싶은 점을 익명으로 질문하고 대표가 답변한다.

이 문화는 김봉진 의장을 자주 못 만나는 게 아쉽다는 구성원의 말에서 시작됐다. 다만 김봉진 의장이 바빠 전처럼 자연스럽게 만나기 어려워지면서 시간을 정해 관심 있는 구성원들이 모여 이야기를 나누기로 했다. 그런데 인원이 늘다 보니 대화를 하기가 어려워졌다. 그래서 주제를 두고 소수만 만나거나, 익명으로 질문을 받아서 대표나 다른 구성원들의 의견을 듣는 시간으로 바꾸었다. 트랙방(마라톤 트랙처럼 디자인한 회의실)이라는 회의실에 100여 명이 모여 미리 접수된 건의 사항을 읽고, 찬반 투표를 하기도 했다. 우수타에서는 변기가 너무 자주 막힌다는 건의 사항부터 전사 발표를 통해 공유받은 소식과 관련하여 추가로 궁금한 것, 서비스 개선 사항, 기업의 방향, 조직의 이슈, 인사 제도, 새로운 복지 제도 제안 등 다양한 질문이 오간다.

그러나 "우수타에 조금 더 건설적인 질문이 많이 올라왔으면 좋겠다" "소원 수리 시간 같아 피로하다" 등 우수타가 구글의 TGIF처럼 기업의 주요 경영 이슈에 대한 솔직한 질문과 답변을 들을 수 있는 시간으로 기대했는데, 복지 제도나 일 문화에 대한 이야기만 많이 나오는 것이 아쉽다는 의견도 있었다. 이에 김범준 전 대표는 소통을 위해서는 어떠한 질문도 올리고 이야기 나눌 수 있는 시간이 필요하다고 강조했다. 실제로 신규 입사자들에게 가장 인상 깊었던 우아한형제들의 문화가 무엇인지 물어보면 언론이나 구성원을 통해 듣던 우수타라는 문화에 대해 사실 큰 기대가 없었는데, 막상 참여해보니 '이런 이야기도 물어볼 수 있나?' '이런 이야기에도 답변을 해주시네' 같은 생각이 들었다며 우아한형제들에 대한 신뢰가 더 커졌다는 답을 한다.

무엇이든 말할 수 있다 보니 어떤 구성원에게는 지극히 사소해 보이는 질문이 여러 번 반복되기도 한다. 또 개인이 해결해야 하는 문제나 유관 부서에 직접 물어봐도 되는 것들도 있어 답변을 하는 대표도, 듣는 구성원도 불편할 수 있다. 언젠가 이렇게 거듭되는 질문에 매번 답변하는 것이 힘들지 않은지 김봉진 의장에게 물어본 적이 있다. 그때 그가 한 말이 오랫동안 기억에 남는다.

"작고 사소한 이야기를 나누지 못하면, 크고 어려운 문제를 다룰 수 없어요."

종종 우수타가 정말 익명성이 보장되는지 묻는다. 하지만 익명성이 보장되지 않았다면 6년 이상 이 문화를 유지하기 힘들었을 것이다. 질문이 모이는 응답 시트에는 질문자가 제출한 시간 정보만 남는다. 이메일 정보를 수집하지 않도록 설정했기 때문에 질문자의 정보는 알 수 없다. 익명으로 접수된 질문의 원본을 볼 수 있는 사람도 대표를 포함하여 네 명(담당자, 팀장, 실장)으로 제한되어 있다.

또 모든 질문은 원본 그대로 공개하여 전 구성원이 읽되, 글로 정리하여 별도로 공유하지 않는 것을 원칙으로 삼는다. 질문이나 답변을 글로 요약하다 보면 질문자와 답변자의 의도를 왜곡할 수 있기 때문이다. 대신 오해의 소지 없이 명확하게 이해할 수 있는 경우에는, 전사 채팅 채널에 우수타에서 나온 이야기를 가볍게 공유하기도 한다. 특히 접수된 질문이 많아 미처 다루지 못했지만 구성원들이 궁금할 수 있거나 개선점이 생길 때도 진행 과정과 결과를 제대로 공유하기 위해 노력 중이다.

코로나19 사태로 재택근무를 시작하면서 구성원들이 오프라인에서 자유롭게 의견을 나누던 우수타를 많이 그리워했을 것 같다. 그래서 우수타를 언제 어디서든 쉽게 접속할 수 있도록 온라인 생중계로 전환한 후 점점 구성원들의 참여율이 높아져서, 최근에는 꾸준히 1,000명 이상이 동시 시청하고 있다. 이는 코로나19 사태 전보다 더 높은 참여율이다. 또 오프라인으로 운영할 당시 현장에 참석한 구성원들의 의견을 바로 들을 수 있다는 장점을 온라인에도 적용한 '공감 투표'를 도입했다. 공감 투표는 접수된 질문에 구성원 개별로 '궁금해요' '다음에 다뤄주세요'와 함께 추가 의견을 남길 수 있도록 했다. 한정된 질문과 답변의 단점을 보완한 것이다.

그런데 익명성의 부작용으로 종종 거친 표현을 쓰면서 존중과 배려를 하지 않는 경우를 볼 때가 있다. 어떤 이야기든 물어볼 수 있다고 해서 거침없이 의견을 말해도 되는 것은 아니다. 컬처커뮤니케이션팀에서는 이런 문제를 해결하기 위해 원문을 그대로 공개한다는 원칙은 고수하되, 배려와 존중에 어긋나는 질문 위에 반창고 스티커를 붙여 내보낸다. 처음에는 모자이크 처리를 하기도 했다. 그러자 채팅창에 '무슨 말인지 더 궁금해집니다' '혹시 욕을 한 것일까요?' 등 다양한 추측들이 올라왔다.

우리가 원문을 삭제하지 않되 제한해서 공개하는 이유는 궁금증을 유발하기 위해서가 아니었다. 우리의 일 문화가 허용하거나 허용하지 않는 언행이 무엇인지에 대한 명확한 메시지를 주는 것이 목표였다. 그래서 고민 끝에 서로 존중하고 배려하며 소통하는 문화를 지향하는 우아한형제들의 가치에 따라 반창고 스티커를 고안했다. 작지만 이런 장치를 통해 우수타는 서로 상처 주지 않고 건강하게 소통하는 문화를 위한 도구임을 간접적으로 알릴 수 있었다. 소통 문화를 만들 때는 우리의 일 문화에서 해선 안 되는 것도 우리답게 표현할 줄 알아야 한다.

구성원들이 우수타에 꾸준히 관심을 갖고 참여하는 이유는 사소한 질문 하나도 흘려 보내지 않고 함께 이야기 나누는 과정에서, 작은 의견이 때로는 기업의 문화가 되기도 하고 누군가의 고민을 읽고 다른 구성원들이 스스로 돌아보며 더 좋은 동료가 되기 위한 반성과 다짐의 계기가 되기 때문이기도 하다. 실제로 우수타에서 제안된 구성원들의 의견이 일 문화를 개선하는 시작이 될 때가 많다. 그래서 우수타 덕분에 제도가 만들어지거나 시스템이 변화하면 구성원들의 의견이 반영되었다는 걸 알린다. '정말 개선이 되는구나' '나의 의견이 반영이 되었네!' 하고 스스로 일 문화를 만들고 있다고 느끼게 하는 게 중요하기 때문이다.

앞으로 우수타는 비대면 상황에서 조직의 심리적인 안정감을 형성하고 구성원 개개인이 일 문화를 만드는 데 참여할 수 있는 소통 채널로서 중요도가 더욱 커질 것이다. 그래서 우수타의 개선 방안을 이 채널을 직접 운영하는 팀만 고민하지 않고 구성원들과 함께 보완하려고 한다. 우수타가 우아한형제들의 고유한 소통 문화로 오래 남을 수 있도록, 한 단계 더 성장하기 위한 준비를 지금도 하고 있다. 심리적 안정감이 큰 조직을 위한 피플실의 목표는 언젠가 반창고 없이, 익명이 아니어도 구성원들이 어떤 의견이라도 건강하게 나눌 수 있는 문화가 되는 것이다. 픽사처럼 꾸준히 노력하다 보면 가능한 날이 오지 않을까?

단체 채팅방의
새로운 도약

대화는 멈추지 않고 흘러야 한다

회사 단체 채팅방 말실수 원천 차단하는 방법

네이버 검색창에 '회사 채팅방'을 검색하니 가장 상단에
노출되는 결과다. 전 직원이 보는 회사 단체 채팅방(또는 사내
메신저)에서 손가락이 미끄러져 화들짝 놀라거나 카톡으로 친
구에게 보낼 메시지를 한 치의 의심도 없이 자신 있게 전송했
다가 두 눈을 의심한 순간이 있지 않은가? 먼저 말 걸기 부담
스럽고 실수했을 때는 더욱 당황스러운 회사 단체 채팅방에
서도 잘 소통할 수 있는 방법은 없을까? 아니면 회사 단체 채
팅방에 대한 피로도가 높아진 요즘 직장인들에게 이 채널은
필요 없는 소통 채널일까?

어느 날 우아한형제들의 단체 채팅방에 누군가 '304'라는 숫자를 입력했다. 여러분이라면 어떻게 반응하겠는가? 400명이 접속한 채팅방에는 언제 끝날지 모를 숫자 릴레이가 시작되었다. B가 바로 305를 외친 이후 444까지 이어지자 김범준 전 대표는 "오늘의 작품을 만든 건 A님의 304보다 B님의 305"라는 명언을 남기기도 했다. 4년이 흐른 어느 날 채팅방에 또다시 '3'이라는 숫자가 등장했다. 어떻게 되었을까? 그때보다 세 배가 넘는 1,300여 명이 모인 채팅방에서는 여전히 위트 있는 농담들이 자연스럽게 이어졌다. '3' '6' '9'…….

단체 채팅방으로 팀워크를 만들다

누가 봐도 실수인 '304'와 '3'은 자칫 누군가의 '이불 킥' 흑역사가 되어 사라질 뻔했지만 실수도 위트 있게 받아주는 구성원들의 센스에 다 같이 "풋!" 하고 웃는 추억이 되었다. 메신저로 라인Line을 사용하던 시절에는 개인 채팅방과 업무 채팅방이 잘 구분되지 않아 소소한 실수가 더 많았다. 당시에는 메시지 삭제 기능이 없어서 그럴 때마다 다 함께 "영차, 영차"를 써서 올리며 메시지를 저 멀리 보이지 않는 곳으로 넘겨주기도 했다. 위트와 센스를 겸비한 동료들만 모였기 때문이라고 말하려는 게 아니다. 100명에서 이제 2,000명을 바라보는 지금도 단체 채팅방에서 자연스럽게 대화를 나누고 'ㅋ'으로 도배될 수 있게 하는 힘에 대한 이야기다.

소통 문화는 의도적으로 노력하지 않으면 만들 수 없다. 특히 이런 소통 문화가 직원들에게 자연스럽게 스며들기 위해서는 훈련이 필요하고, 서로를 배려하는 마음, 직원들의 적극적인 참여가 있어야 완성된다. 초창기 피플실의 중요 업무 중 하나가 단체 채팅방에서 물 흐르듯 자연스럽게 리액션하는 일이었다. 또 단체 채팅방이 적막하지 않게 계속 마중물을 부어야 했다.

전체방은 회사에서 일어나는 소소한 일들을 나만 모르지 않게 공유하는 방이에요. 그 소소한 공유는 용기가 필요하죠. 누군가 용기 내어 어떤 일을 공유했을 때 아무도 반응이 없으면 다음부터 다시는 용기를 내지 않게 되죠. 그러니 민망하지 않게 반응해주는 것은 아주 중요한 일이에요. 가끔 대화가 산으로 가거나 민감한 주제로 이어지는 것 같을 때는 자연스럽게 화제를 전환해주시고요.

— 김봉진, 〈배민다움투데이〉

그래서 처음에는 단체 채팅방에서 새로 입사한 구성원들을 소개하고 생일이나 결혼, 구성원의 자녀 출산 소식까지 생생하게 알렸다. 물론 지금은 시대의 흐름에 맞춰 지극히 개인적인 부분은 공유하지 않지만, 초기에는 이런 소소한 나눔을 통해 따뜻함을 느끼기도 했다. 나는 그렇게 많은 이에게 생일 축하 메시지를 받은 적은 그때가 처음이라, 오래도록 기억하고 싶어 캡처해 아직까지 간직하고 있다.

단체 채팅방은 우아한형제들의 투자 소식이나 성과 등 축하할 일을 실시간으로 공유하는 채널이기도 했고, 깨알 같은 이벤트를 열어 다 함께 잡담을 나누는 장이 되기도 했다. '어? 우리 기업도 그런데, 이게 특별한 일일까?'라고 생각하는 이들도 있을 것이다. 하지만 단체 채팅방을 전략적으로 사용한다면, 피플실의 이런 세심한 관리와 구성원 참여의 의미가 남달라진다. 사소한 단체 채팅방이라도 소통 문화를 만든다는 의미를 더하면, 우리 조직만의 강력한 문화 수단이 되는 것이다.

소통의 대부분이 주로 온라인에서 벌어지면서 최근에는 더 전략적으로 단체 채팅방을 운영하고 있다. 전에는 자연스럽게 피플실 구성원들의 개인기에 의존했다면, 이제는 콘텐츠로 구성원들의 채팅 경험을 설계한다. 직원들이 소통하는 데 불편함이 없는 조직의 경우, 단체 채팅방 관리쯤은 크게 어려운 문제가 아니다. 하지만 규모가 커질수록 업무 환경의 변화 등을 살피며 촘촘히 단체 채팅방의 소통 전략을 다듬어나가는 것이 필요하다.

침묵을 깨는 위트 있는 콘텐츠 만들기

우아한형제들은 코로나19 사태 때문에 2020년 2월부터 일부 재택근무를 시작했다. 시간이 흐르면서 구성원들 대부분 비대면으로 일하는 데 적응했다. 우리의 일하는 방식과 협업 툴에도 변화가 생겼다. 가장 큰 변화는 주 소통 수단이던 라인 대신 일부 개발·기획팀에서만 사용하던 슬랙이라는 업무 메신저 툴을 전사에 도입하게 된 것이다. 피플실은 이 툴을 한 번도 사용해본 적 없는 구성원들도 잘 적응할 수 있도록 정식으로 도입하기 전인 2020년 8월부터 먼저 써 보았다. 우리는 새로운 업무 툴이 전사에 연착륙할 수 있게 가이드를 세우는 것만큼이나 구성원들이 슬랙이라는 메신저로 소통할 때 전처럼 우아한형제들의 일 문화를 물씬 느낄 수 있도록 경험을 이어가는 데 신경 썼다.

사실 메신저로 소통하는 방법을 깊이 고민하고 우아한형제들의 일 문화를 공유하는 콘텐츠를 만드는 데 집중한 것은 개인적으로 느낀 아쉬움이 있었기 때문이기도 하다. 2020년 3월 재택근무로 복직한 뒤 바뀐 업무 환경에 적응하는 데 어려움을 많이 겪었다. 비대면 상황에서 우아한형제들의 일 문화를 느낄 수 있는 여러 포인트가 없다는 것이 특히 아쉬웠다. 단체 채팅방에서 일어나는 우아한형제들만의 위트 있는 소통이 많이 사라진 것이 그중 하나였다.

그 원인을 곰곰이 생각해보면 우선 메신저로 정서적 화학반응을 일으키기에는 채팅방에 있는 구성원의 수가 너무 많았다(당시 약 1,300여 명). 또 메일이나 내부 포털 사이트로 공지하던 내용을 리마인드 목적으로 단체 채팅방에 자주 공유하기 시작한 반면, 구성원들의 경조사나 소소한 이벤트를 알리는 게 줄어들면서 채팅방의 고요함을 깨던 여러 긍정적 시그널이 점차 희미해졌다. 일 문화는 끊임없이 의도적인 노력을 들여야만 유지될 수 있다는 것을 느꼈던 계기다.

그래서 슬랙이라는 새로운 툴을 도입하는 프로젝트를 시작할 때, 단계별로 목표를 설정했다. 첫 번째는 슬랙을 쉽게 이해할 수 있는 가이드를 배포하는 것이었고, 그다음은 툴 전환 초기에 이벤트를 열어 구성원들이 미리 슬랙을 접할 수 있는 경험을 유도하는 것이었다. 마지막 최종 목표는 메신저에서 구성원들이 우아한형제들답게 소통할 수 있는 콘텐츠를 지속적으로 기획하고 관리하는 것이었다.

회사에서 구성원들끼리 마주치며 안부를 물으면서, 사무실의 분위기를 통해 꼭 대화를 나누지 않아도 일 문화를 느낄수 있었는데, 재택근무는 자연스럽게 접하던 여러 문화적 경험을 단절시켰다. 마찬가지로 재택근무를 하고 가장 힘든 점이 무엇이냐는 여러 설문에서 공통적으로 나오는 것이 '외로움'과 '소속감'에 대한 이슈였다. 그래서 피플실은 우리가 한 공간에서 자연스럽게 경험하던 위트 있고 따뜻한 소통을 슬랙 내 전체 채널에서도 유지하며, 구성원들이 소속감을 느끼도록 경험을 설계했다. 요즘같이 회사 밖에서 일하다 보면, 모두 모인 채널이 마치 '광장'처럼 느껴진다. 피플실은 이 광장이 너무 조용하지 않게, 공지 사항만 오가지 않게 이벤트를 열면서 이 고요함을 깨기로 했다.

단체 채팅방을 운영할 때는 직원들이 잊을 만하면 흔들어 깨워줄 중심축, 즉 고정 콘텐츠가 있어야 한다. 하지만 '잊을 만하면'에서 알 수 있듯 고정 콘텐츠는 직원들이 예측 가능한 경험이어서는 안 된다. 시기, 내용, 참여 방식 등에 계속 변주를 주며 직원들과 만나야 한다. 컬처커뮤니케이션팀이 처음 기획한 콘텐츠는 구성원들이 슬랙의 주요 기능을 익힐 수 있는 퀴즈로, '스레드Thread(메시지에 댓글을 쓸 수 있는 슬랙의 대화 기능)'를 활용하여 대화를 이어가는 방법, 이모지로 감정을 표현하고 리액션하는 방법, 텍스트를 강조하는 방법 등 (가이드를 읽어봐도 되지만) 구성원들이 직접 참여하면서 바로 습득할 수 있도록 하는 데 집중했다.

그런데 이것은 슬랙 도입 초기에만 어울리는 콘텐츠였다. 그래서 컬처커뮤니케이션팀은 이 퀴즈를 우아한형제들의 소식이나 서비스를 알 수 있는 콘텐츠로 발전시켰다. 컬처커뮤니케이션팀의 이름을 딴 'ㅋㅋ'과 이 퀴즈에 참여한 모두가 'ㅋㅋㅋ'을 느낄 수 있도록 하자는 뜻으로 'ㅋㅋ타임'이라는 중의적 이름을 지었다. 'ㅋㅋ타임' 기획자는 퀴즈로 신규 출시 서비스를 소개하거나, 영상을 활용하면서 2년 넘게 구성원들의 참여를 이끌어내고 있다. 채팅방에서 서비스를 홍보해줘서 고맙다는 인사를 건네거나, 본인 업무가 아니면 잘 몰랐던 서비스의 소식까지 알게 되었다는 구성원들의 재미있는 코멘트를 읽으며, 우리가 한 공간에 같이 있는 것 같은 느낌을 받는다.

이제 ㅋㅋ타임은 우아한형제들이나 각 팀이 하는 일을 구성원들에게 임팩트 있고 흥미롭게 알리기 위한 사내 홍보 콘텐츠로 자리 잡아 다른 부서들에서 피플실에 협업 요청이 들어오고 있다. 만약 사내의 여러 소식과 다른 부서들의 일을 알릴 때 직원들이 함께하길 바란다면 ㅋㅋ타임 같은 콘텐츠를 기획해보길 추천한다.

그런데 여기서 한 가지 의문이 든다. '꼭 사내 소식을 단체 채팅방을 통해서 전해야 하나? 내부 포털 사이트 이벤트 게시판에 글을 올리고 댓글로 참여하면 되지 않나?' 워낙 사내 메신저에 대한 스트레스가 높다 보니 그렇게 생각할 수 있다. 조직의 분위기나 규모, 소통 방식 등에 따라 단체 채팅방의 의미는 다를 것이다. 또 직원들이 모두 모인 채팅방이 '공지방'이 되지 않으면서 활발히 살아 있는 채널이 되도록 운영하는 것은 쉽지 않은 일이기도 하다. 그럼에도 여전히 단체 채팅방을 중요하게 대하는 이유는 무엇일까?

우아한형제들의 단체 채팅방에서 대화가 끊기지 않게 하라는 미션은 당시엔 '일 같지 않은 일'이었다. 그러나 단체 채팅방에서 소소한 이야기가 이어지는 동안 우아한형제들의 일 문화가 단단해지는 걸 느꼈다. 그곳에서 웃고 떠든 순간이 켜켜이 쌓여 배민다움이라는 독특한 문화를 만드는 토양이 되었달까. 누군가 배민다움이 뭐냐고 물으면 나는 이렇게 단체 채팅방을 운영했던 기억을 떠올린다. 피플실은 가볍고 유쾌한 대화가 오갈 수 있도록 뒤에서 치열하게 고민하고 노력한다.

배민다움이란 이불 킥 예약 '동공 지진' 실수도 즐거운 추억으로 재탄생시키는 동료들과 함께 일하는 데서 시작된다.

일 문화를 익히는 채널, 채팅방의 재발견

"긴급 상황에 대비할 수 있는 가장 빠른 커뮤니케이션 수단이니까, 단체 채팅방 하나쯤은 필요하지 않을까요?"

맞다. 대표적인 비동기 커뮤니케이션 수단(반응이 즉각적으로 나오지 않는 소통 방식)인 메일이나 사내 포털 사이트 등으로 긴급한 이슈를 전달하기에는 커뮤니케이션 속도가 너무 느리다. 메신저는 비동기 커뮤니케이션 수단이지만 동기 커뮤니케이션(실시간으로 반응을 주고받는 소통 방식) 수단처럼 활용되기도 한다. 이슈를 빠르게 공유하기 위해 사용하기 때문이다. 하지만 일 문화 관점에서 메신저는 시도 때도 없이 업무를 말하는 채널이 아니라, 우리 기업의 소통 문화를 직간접적으로 느낄 수 있는 채널이어야 한다. 특히 재택근무를 할 때는 모두가 함께 참여하고 다른 사람들의 반응을 확인할 수 있는 온라인 공간이 필요하다.

사내 포털 사이트는 직원이라면 누구나 접근할 수 있는

공간이지만, 실시간으로 인터랙션interaction을 확인하기는 어렵다. 물론 메신저는 원칙적으로 '즉각 응답하지 않아도 되는' 비동기 커뮤니케이션 수단에 해당하지만, 직원들은 조직의 소통 문화를 느낄 수 있는 콘텐츠에 참여하는 경험을 통해, 또 리더나 직원들의 메시지에 다른 직원들이 반응하는 경험을 통해 조직의 톤 앤드 무드를 파악하게 된다. 단체 채팅방이 직원들이 일 문화를 체화할 수 있는 '문화 익힘 채널'인 것이다.

익히다
자주 경험하여 능숙하게 하다.
여러 번 겪어 설지 않게 하다.
눈을 어둡거나 밝은 곳에 적응시키다.

표준국어대사전에서 '익히다'의 뜻을 살펴보면, 자주 경험해서 능숙하게 하고 여러 번 겪어서 낯설지 않도록 하는 것이다. 또 '적응시키다'라는 의미도 있다. 단체 채팅방을 통해서 이 조직의 언어를 익히고 커뮤니케이션 방식에 적응해나가는 것이다. 비단 직원들이 모인 단체 채팅방뿐 아니라 팀 채팅방, 협업 채팅방으로 범위를 좁혀도 마찬가지다. 하지만 중요한 것은 전체의 경험을 통해서 모두가 비슷한 수준의 커뮤니케이션 톤 앤드 매너를 갖추게 하고 그 경험이 아래로 자연스럽게 스며들게 하는 것이다.

직원들은 단체 채팅방에서 대표나 임직원이 쓰는 언어를 통해 조직의 대화 방식을 익힌다. 언어의 톤 앤드 매너가 모두 같을 필요는 없다. 핵심은 소통의 '정도'와 '적정 수준'을 배우는 것이다. 비교적 쉽고 가볍게 참여할 수 있는 채팅이라는 행위를 통해서 소통의 벽을 낮출 수 있다. 특히 피플실은 메시지를 전할 때 더 다정하게 말하고, 더 상세하게 알리려고 한다. 또 쉽고 명확하고 위트 있게 말하려 한다. 우리의 소통 방식이 팀에서 일할 때나 협업할 때 자연스럽게 나올 수 있도록 말이다.

여러분의 조직에는 단체 채팅방이 있는가? 그 채널에서는 어떤 문화를 느낄 수 있는가? 혹 너무 공지 사항만 오가고 있지는 않은지, 최근에 다 같이 재미있게 확인한 메시지는 무엇인지 들여다보자. 만약 조직 문화 담당자라면, 아니 즐겁게 일하는 문화를 만들고 싶은 직원이라면 단체 채팅방에서 함께 교감하는 대화를 조금씩 나눠보면 어떨까? 모든 채팅에 반응할 필요는 없다. 동참하는 직원들이 늘어날수록 여러분 조직만의 비대면 커뮤니케이션 톤 앤드 무드를 만들 수 있을 것이다.

우리 재ㅁ

지게 일해요

일의 몰입력을 높이는
잡담의 원리

잡담이 무기가 될 때

"잡담을 진짜 많이 나누나요? 일하지 않는다고 생각하지 않나요?"

"잡담 나눈다고 일을 안 하면 어떻게 하나요?"

'잡담을 많이 나누는 것이 경쟁력이다'라는 우아한형제들의 표어 때문인지 일 문화와 관련된 벤치마킹 미팅을 할 때, 잡담이 실제로 조직에서 어떻게 이루어지는지 문의하는 조직 문화 담당자가 많다. 그러나 잡담은 "우리 지금부터 잡담 시작!" 하고 되는 게 아니다. 잡담은 동료와 편안하게 주고받는 일터의 대화다. 가벼운 주제로 시작한 대화가 때로는 일을 더 잘하기 위한 아이디어로 이어지게 된다. 그래서 우아한형제들은 잡담을 권장한다.

잡담의 핵심은 일이 아닌 대화를 하는 게 아니라, 어떤 이야기든 건강하게 나눌 수 있는 문화를 만드는 것이다. 우아한형제들의 잡담 문화는 규모가 아주 작던 초창기부터 크게 성장한 지금까지 꾸준히 이어오고 있는 자연스러운 문화다. 보통 잡담을 나누기에 눈치가 보인다고 말하는 조직은, 농담조차 허용되지 않는 딱딱한 분위기에, 잡담은 업무와 전혀 관계가 없다고 생각하는 곳이다. 사실 일하면서 어떻게 업무 이야기만 하겠는가. 같이 일하는 직원들과 커피를 마시거나 간식을 먹으며 요즘 관심 있는 콘텐츠부터 어제 뭐 했고 주말에 뭐 할지, 재미있게 본 예능을 이야기하다 보면 'ㅇㅇ 님은 이런 데 관심이 있구나.' 'ㅇㅇ 님은 요즘 스트레스가 많구나' 등 상대에 대한 정보를 알게 된다. 업무 외 이야기를 하면서 심리적 거리가 좁아지고, 보이지 않는 유대감이 쌓인다. 이렇게 잡담은 서로에게 공감하고 공통의 관심사를 발견할 수 있게 돕는다.

또 잡담을 통해 새로운 것도 알게 된다. 예를 들어 요즘 재미있게 보고 있는 콘텐츠에 대해서 나눈 수다가 일에 적용해볼 포인트로 이어지는 것이다. 피플실도 최근에 재미있게 본 콘텐츠 이야기를 하다가 좋은 아이디어가 나오면 바로 업무에 적용해본다.

어느 날은 화제가 된 유튜브 영상 중 '소울리스좌'에 대한 주제로 한참 대화했다. 유튜브에서 화제가 된 영상 속, 열심히 놀이공원 기구를 안내하는 20대 여성의 영혼 없는 눈빛에 일하는 누구나 크게 공감했다. 그러다 서비스 론칭일 기념 행사에 이 영상을 패러디해 구성원들의 관심을 끌어내면 어떨까 하는 일 이야기로 이어졌다. 이렇게 구성원들이 참여할 게임이나 퀴즈, 영상을 만드는 데 이런 소소한 잡담이 아이디어의 원천이 된다. 막상 "아이디어를 내봅시다"라고 하면 잘 안 된다. 그런데 그냥 이런저런 잡담을 나누다 보면 자연스럽게 아이디어가 된다.

우리는 왜 잡담을 많이 해야 하는 걸까? '잡담을 많이 나누는 것이 경쟁력이다'의 해설처럼 잡담은 서로의 신뢰를 만드는 원료이며, 신뢰를 기반으로 어떤 이야기든 주고받을 수 있는 소통 근육을 만든다. 또 막혀 있던 생각이 뻥 뚫려서 참신한 아이디어를 낼 수 있게 한다.

잡담은 신뢰를 만들어가는 원료입니다. 잡담은 공동체의 유대감을 높이며 참여자의 마음 상태를 편안하게 만들어줍니다. 시간이 지나면 이야기의 핵심은 기억나지 않지만 함께한 시간만큼은 기억에 남습니다. 이런 시간이 유대감이 되고, 유대감이 쌓이면 신뢰로 발전합니다.

잡담을 통해 커뮤니케이션의 벽이 낮아지면 더 편안한 분위기 속에서 보고가 이뤄질 수 있으며, 간혹 엉뚱해 보일 수도 있는 아이디어도 좀 더 자유롭게 개진될 수 있습니다. 이는 조직이 건강하게 성장할 수 있는 원동력이 됩니다.

— 〈송파구에서 일을 더 잘하는 11가지 방법〉

업무와 다른 이야기를 하는 행위를 그저 논다고 생각하면 '일을 잘하기 위해서 잡담을 꼭 나눠야 할까?'라는 의문이 생긴다. 한 스타트업의 리더도 그런 질문을 했다. 잡담 문화가 좋은 문화로 보일 수도 있지만 효율적으로 업무를 하는 데 오히려 방해가 될 것 같고, 일을 잘하기 위해서 잡담을 나누는 문화가 필요하다는 의견에 크게 공감하기 어렵다고 말이다. 이렇듯 누군가는 업무의 효율성과 생산성을 오히려 떨어뜨린다고 생각할 수 있다. 그런데 생각보다 우리의 일 문화에는, 아니 어쩌면 우리 삶에는 비효율이 필요할 때가 있다.

리더들은 대개 효율에 익숙해 있어 시간을 낭비하고 싶어 하지 않고 시간 대비 효과가 분명한 일에 집중하기 원한다. 그런데 구성원들과의 관계 빌딩은 밑빠진 독같은 느낌이 든다. 이에 사람들에게 시간을 쓰는 것은 매우 비효율적으로 보인다. 미팅하고 식사하고 커뮤니케이션 할 시간에 일 자체에 전념하면

훨씬 성과가 높아질 것 같은 생각이 든다. 열심히 커뮤니케이션 해도 가끔씩 오해와 비난, 나쁜 평이 들릴 때면 허탈해진다. 그러나 기억할 것은 인간은 로봇도 AI도 아니다. 작은 감정에도 쉽게 흔들린다. 소소한 마음의 걸림과 불신으로도 동업자 간 의지가 상하고 죽기 살기로 좋아했던 애인이 헤어지며 조직과 사회를 배신할 수 있는 것이 인간의 심리이다. 그러므로 인간과의 신뢰 향상을 위해서는 비효율적인 것처럼 보이는 활동이 필수적이다.

— 신수정, 《일의 격》

구글 창업자 에릭 슈미트는 10년이 넘도록 임원 회의 시작 전에 직원들에게 주말에 무얼 했는지 물어본다고 한다. 스포츠, 사소한 일상 또는 주말에 방문한 도시에 구글맵 핀을 꽂고 그곳에서 경험한 재미있는 이야기를 나누기도 한다. 중요한 업무가 한 보따리 넘게 기다리고 있을 것만 같은 임원 회의에서 에릭 슈미트가 일상을 먼저 나누는 이유 또한 가족과의 일 같은 사생활을 공유하면서 서로 알아갈 수 있게 하고, 직책에 따른 의무감보다는 한 인간으로서 즐거운 마음으로 회의에 참여할 수 있게 하기 위해서다. 아이러니하지만 정말 일을 잘하려면 비효율적으로 보이는 정서적 교감을 하는 것이 먼저다.

일하면서 생긴 사소한 오해가 정서적인 교감 없이 오가는 소통 때문에 더 큰 문제로 불어나기도 한다. 유대 관계가 없으면 상대에게 직접 묻기보다는 추측을 하기 쉽다. 지레짐작하며 얻은 결론은 관계의 정도와 깊이에 따라 뉘앙스가 달라진다.

신뢰가 없는 상황에서는 상대의 대답 하나, 문자 하나, 표정 하나에도 오해가 생기고, 고민하지 않아도 되는 감정이 스멀스멀 올라온다. 이것이야말로 업무에 비효율을 발생시키고, 회복하는 데 드는 커뮤니케이션 비용을 늘린다.

잡담은 우리가 오해하고, 추측하는 비용을 줄이고 솔직하고 건강하게 서로 소통할 수 있도록 커뮤니케이션의 빈틈을 메워주는 역할을 한다. 서로를 잘 알고 아끼는 마음이 들면 갈등이 일어나도 쉽게 해결된다. 결국 잡담에 들인 시간이 쌓여 조직에 '연대의 감각'을 발달시키는 것이다. 이런 감각은 조직에 갈등과 고비가 생겼을 때 서로에 대한 비난이 아니라 서로를 위하는 마음이 먼저 들게 이끈다.

망했다는 생각에 손마저 얼어붙어 제대로 움직이지 못하는 순간 어디선가 갑자기 나타나는 손들 같은 것. 그 손들이 누군가를 필요한 형태로 만들어가는 과정 같은 것. 등 뒤로 따뜻한 눈빛들을 가득 품고 살짝 펴보는 어깨 같은 것. 누군가 박살날까

봐 걱정될 때 가만있지 못하는 것.

— 김혼비,《다정소감》

여러분 조직의 단단함을 만드는 연대의 감각은 얼마나
잘 발달되어 있는가?

"비효율적 이야기를 왜 하나요?"

앞서 내가 피플실에 입사한 후 처음 받은 미션이 '점심
약속 잡기'였다고 설명했다. 구성원들과 함께 식사하고 티타
임하며 그들의 이야기를 듣는 것이 업무였다. 그래서 대부분
의 점심시간은 구성원과 같이 보내며 요즘 힘든 일은 없는지,
주로 어떤 활동으로 시간을 보내는지 이야기를 많이 나눴다.
그러다 보면 경조사를 알게 되기도 하지만 각 조직이 겪고 있
는 고충을 통해 우아한형제들이 어떤 점을 개선하면 좋을지
힌트를 얻기도 했다. 아무것도 하지 않으면 알기 어려운 동료
들의 마음을 들을 수 있던 시간이다.

또 신규 입사자에게 궁금한 점이 생길 때 찾을 수 있는
존재가 바로 여기 있다는 심리적인 안정감을 주며 그들이 느
낄 회사의 낯선 공기를 익숙하고 따스한 공기로 바꾸었다. 일

문화를 담당하는 조직의 주요 업무가 '구성원과 밥 먹기'인 점만 봐도, 우아한형제들이 얼마나 잡담에 진심인지 알 수 있을 것이다.

잡담을 잘 나눌 수 있는 환경을 만드는 데도 세심하게 신경 썼다. 서로 언제든지 옆에서 궁금한 것을 묻고, 대화할 수 있도록 사무실마다 스툴을 두었다. 또 일하는 구성원들에게는 방해되지 않게 하고, 대화자들은 눈치 보지 않게 서로를 배려하기 위해서 재즈나 클래식 등을 틀고 '배려의 비트'라고 이름 붙였다. 그 외에도 삼삼오오 모여서 대화를 나눌 수 있는 공간을 사무실 곳곳에 마련해두었다. 〈송파구에서 일을 더 잘하는 11가지 방법〉에 '잡담을 많이 나누는 것이 경쟁력이다'라고 명시되어 있지만, 실제로 잡담을 나눌 수 없는 분위기였다면 이질감이 컸을 것이다. 경쟁력을 확보하려면 이렇게 기업이 중요하게 여기는 일 문화를 위해서 환경, 조직, 커뮤니케이션 방식에 직원들끼리 유대감을 쌓는 접점을 많이 만들어야만 한다.

개인적으로 느낀 잡담의 위력도 있다. 피플실은 2020년 9월에 피플팀에서 피플실로 개편되었다. 초반에는 서로 많이 어색했다. 평소에 잘 알고 지냈어도 팀으로 새롭게 묶이니 적응할 시간이 필요했다. 겉으로 크게 문제가 없어 보였지만, 의견을 주고받는 것이 많이 조심스러웠고 투명한 벽이 놓인 것

같았다. 내가 소통에 예민한 사람이라 더 크게 느꼈을지도 모른다. 나는 팀원들과 일대일 미팅을 진행하며 우리가 함께 시너지를 내려면 어떤 점을 개선하면 좋을지 물어봤다. 어떤 의견이든 말할 수 있으면 좋겠다는 게 공통된 답변이었다. '찬성과 반대' '좋다'와 '조금 더 개선되었으면 좋겠다'처럼 대립되는 의견이 나오기 힘든 조직, 새로운 아이디어가 잘 받아들여지지 않아서 직원들이 '내 생각이 거부되면 어떻게 하지?' '내 의견이 잘못되었다고 하지 않을까?' 하고 불안해하는 조직은 심리적 안정감이 작다.

이 벽을 걷어내지 않으면 팀워크를 이룰 수 없고 좋은 일 문화를 만들기 어렵기 때문에 노력이 필요했다. 그래서 선택한 방법이 잡담이다. 컬처커뮤니케이션팀은 잡담을 통해 감정의 교집합을 만들면서 커뮤니케이션 벽을 낮춰갔다. 예를 들면 일을 하다가 갑자기 '아무 말 대잔치'를 하기 시작한다. 진짜 아무 말, 아무 영상이나 공유하는 것이다. 그렇게 하다 보면 갑자기 하나의 주제로 흐르게 된다. 이 대화의 목적은 사라지고 함께 웃고 즐긴 그 순간의 따뜻함이 남는다. 또 그때 나눈 재미있는 대화 속에서 아이디어를 찾기도 한다. 이런 시간이 차곡차곡 쌓여 2년이 지난 지금은 일에 대한 날카로운 이야기까지 나눌 수 있는 사이가 되었다. 매월 업무 회고 회의를 할 때 이번 달 기억에 남는 순간을 팀원들에게 묻는데, 그때마다 자주 등장하는 것은 프로젝트 완성이라는 성과도 있지만 대부분이 같이 웃고 즐긴 바로 그 순간이었다.

기업 단위에서는 별 걸 다 물어봐도 되는 우수타 같은 시간을 통해, 더 작은 조직 단위에서는 잡담 문화를 통해 심리적 안정감을 형성할 수 있다. 누구든 동참할 수 있는 가벼운 주제로 스몰 토크를 많이 나누다 보면 서로를 이해하게 되고, 그 편안한 분위기는 유대감으로 변해 어떤 이야기든 건강하게 나눌 수 있는 신뢰로 발전한다. 작고 사소한 이야기를 나누지 않으면, 중요하고 어려운 이야기는 더 나누기 어렵다는 김봉진 의장의 말처럼 말이다.

인간이 삶을 영위하기 위해서는 기초 체력이 중요한 것처럼 관계와 소통에도 기초 체력이 필요하다. 아직도 잡담에 대한 오해가 풀리지 않는가? 그렇다면 잡담이라는 단어를 덜어내고 유대감이라는 말을 넣어 '유대감을 쌓는 담소'라고 생각해보면 어떨까. 이제 잡담이 신뢰를 만드는 소통의 열쇠로 느껴지지 않는가? 여러분은 지금 옆에서 함께 일하는 동료가 요즘 재미를 느끼며 몰입하는 일을 알고 있는가? 회사 카페 메뉴 중 배 주스를 가장 좋아하는 것도 알고 있는가?

회사에 동호회를 만든 이유

일하다 보면 팀 안에서 잡담을 나누는 건 쉽다. 티타임을 할 때, 밥 먹을 때처럼 원하는 시간에 필요한 만큼 잡담을 나눌 수 있다. 그런데 팀마다 잡담을 나누는 익숙함과 분위기는 사뭇 다르다. 그래서 일 문화를 만들 때는 직원들끼리 서로 잡담을 많이 나누는 분위기가 조성되도록 지원해야 한다. 그 첫 번째는 잡담이 자연스럽게 나올 수 있는 공간을 구성하는 것이다. 두 번째는 공식적으로 직원들이 잡담을 나눌 수 있는 계기를 마련해주는 것이다. 기업이 우리는 이렇게 함께 관계를 쌓는 문화라는 것을 보여줘야, 팀이나 직원들이 그렇게 행동할 수 있다. 우리는 이런 문화라고 말로만 하고, 직원들에게 행동해주기를 바라서는 안 된다. 기업은 소통 문화를 경험할 수 있는 시간과 계기를 조직에 제공해야 한다.

우아한형제들에는 구성원들이 무작위로 섞여 점심을 먹는 우아한런치라는 시간이 있었다. 우아한형제들이 소정의 점심 비용을 지원하면 구성원들이 4인 1조로 두 시간 동안 함께 점심을 먹는데, 이때 평소에 만나기 어려운 다른 부서의 구성원들과 만나서 서로를 알아가고 다른 조직을 이해하게 된다. 우아한런치 날에는 사무실 근처에 진풍경이 벌어진다. 여기저기 조원을 기다리며 "여기예요" 하고 손을 흔드는 이부터 어색하게 인사를 건네며 수줍어하는 이, 오랜만에 만나서 반갑다며 안부를 전하는 이도 있다. 처음 만나는 구성원과의 식사는 어색하지만, 함께 밥 한 끼 먹으며 이야기를 나누다 보면 새로운 관계로 연결되고, 이 경험으로 언젠가 업무에 도움을 요청해야 할 때 상대에게 말 거는 일이 조금 더 쉬워진다.

우아한런치의 조 편성에는 숨은 노력이 있다. 첫 번째는 조장 선정이다. 입사한 지 3개월 내 신규 입사자는 조장이 될 수 없다. 아직 조직을 파악하는 단계이기 때문에 팀을 이끌어야 하는 부담은 덜고 일 문화에 익숙해지는 데만 집중하게 하기 위해서다. 그렇지 않으면 아직 모든 것이 낯선데, 구성원들과 소통하는 우아한런치가 어려운 경험으로 남을 수 있으니 말이다. 두 번째는 조 편성이다. 구성원들을 무작위로 섞는 것이 기본이지만, 조직의 규모가 점점 커지면서 같은 부서에서도 서로 모르는 구성원들이 생기자, 우리 부서의 구성원들과 알아가는 일도 필요하다는 의견이 많았다. 그래서 건물별, 부서별로 무작위로 조를 이룰 수 있도록 개선했다. 구성원마다 성향에 따라 우아한런치가 기다려지기도, 부담이 되기도 했을 것이다. 중요한 것은 기업 단위의 이런 움직임을 통해서 우리 기업의 일 문화에서 중요한 가치는 '협업'이라는 메시지를 글과 말이 아닌 경험으로 전달한다는 것이다.

우아한런치 외에도 '동호회인 듯 동호회 아닌 동호회 같은 모임'을 줄인 '동동동'이라는 제도도 운영했다. 취미나 관심사가 비슷한 구성원들끼리 하나의 주제로 모임을 만들어, 자유롭고 편하게 관계를 쌓는 문화나. 다른 기업의 동호회와 유사하지만, 기업 동호회처럼 딱딱한 느낌은 없는, 동호회지만 동호회는 아닌, 동호회 같은 모임이었다. 그래서 다른 기업에 없는 다양한 모임이 많이 생겼다. 떡볶이만 먹으러 다니는 동동동, 카트라이더 게임을 같이 하는 동동동도 있었다.

내가 입사하면서 쓴 자기소개서에 머리가 너무 커서 '대갈 공주'라는 별명이 있다고 썼더니, 갑자기 나 같은 고충을 겪은 이들이 환영의 메시지를 보내기 시작했다. 그렇게 '대갈 동동동'이라는 이상한 동동동이 만들어졌다. 우리는 다 같이 만나서 삼겹살을 맛있게 먹은 다음 단체 사진을 찍고 서로 위로를 나누며 헤어졌다. "이렇게 만족스러운 사진은 처음이에요"라면서 말이다. 정말 이상한 모임이지 않은가? 주제가 중요한 것이 아니라 다양한 부서의 구성원들과 교류하는 것이 핵심이었으니, 위험과 위협이 되지 않는다면 무엇이든 동동동이 될 수 있다.

일의 경쟁력은 잡담에서 나온다

___

그런데 이런 잡담 문화에 위기가 찾아왔다. 사무실에서 나누던 대화도, 함께 섞여서 밥을 먹던 일도 코로나19 사태 이후 우아한형제들의 평범한 일상에서 사라져 버렸다. 우리의 잡담 문화에도 변화가 필요했다. 재택근무 때문에 전보다 이야기를 많이 나눌 수 없게 되자, 한 조직장은 평소 같으면 쉽게 해결될 문제도 만나지 못하다 보니 갈등이 생긴다고 토로했다. 다른 조직장도 비슷한 고민을 피플실에 털어놓으며 방법이 없는지 물었다.

피플실은 재택근무로 전환한 후 우리의 일 문화 중 잘 작동되지 않는 영역이 무엇인지 검토했다. 안전한 업무 환경을 위해 빠르게 재택근무를 선택했지만 모두들 처음에는 업무를 어떻게 진행해야 할지 어려워했다. 그러나 성과를 내기 위해 애쓰는 동안 재택근무에 조금씩 익숙해졌고, 출퇴근에 드는 시간이 줄어 좋은 컨디션으로 업무에 집중할 수 있기 때문에 앞으로도 유지하면 좋겠다는 피드백이 많아졌다. 그런데 잡담 문화는 전처럼 확산되지 않았다. 피플실은 온라인으로 구성원들을 연결하는 방법을 고민했다. 사무실에서는 같은 공간에만 있어도 자연스럽게 서로 안부를 물으며 근황을 알 수 있었는데, 지금은 화상으로 미팅을 하지 않는 이상 목소리를 들을 기회가 없고 비디오를 켜지 않으면 한 달에 한 번 얼굴을 볼까 말까 하는 경우도 생겼다. 공간에서 오가며 나누는 우연한 대화는 서로를 알아가고 이해할 계기가 되는데, 온라인에서는 그럴 수 없었다.

그래서 아예 우아한형제들은 공식적으로 '약속하고 만나는 잡담 시간'을 만들기로 했다. '자연스럽게'가 아니라면 '의도적'으로 하면 되니까 말이다. 그 시간이 바로 와우WOW,Welcome to the Ontact Woowaworld 타임이다. 그저 한 시간 동안 일이 아

콘텐츠	소개	의도
진진가 (진짜 이야기 속 가짜 이야기를 맞혀라!)	팀원들의 진짜 정보와 가짜 정보를 섞어 퀴즈를 통해 가짜 정보를 찾는 게임	평소 잡담을 나누지 않으면 알지 못했을 팀원들의 회사 밖 모습을 안다.
얼굴 맞히기	팀원들의 사진 중 일부만 보여주고 누구인지 맞히거나, 팀원들과 연예인 사진 2~3장을 섞어 팀원을 찾는 게임	재택근무로 구성원들을 만날 일이 거의 없는 신규 입사자에게 구성원들의 얼굴을 익힐 수 있게 한다.
피플 모의고사	구성원들의 정보로 문제를 내고 모의고사 식으로 푸는 게임	팀원을 업무 외에 인간적으로 얼마나 잘 이해하고 있는지 안다.

닌 '팀원'을 주제로 이야기하면 된다. 잡담이 경쟁력인 문화를 만들기 위해 우아한형제들이 먼저 구성원들이 소통 문화를 경험할 수 있게 한 것처럼, 온라인에서도 기업 단위의 경험을 한 후 팀에서도 시도할 수 있도록 하는 게 목표였다. 그래서 잡담을 원하는 팀을 신청받고, 그 팀을 위한 잡담 콘텐츠를 만들어서 오로지 정해진 시간에 들어와 수다를 떨다 가기만 하면 되도록 구성했다. 낯선 문화일수록 허들이 너무 많으면 익숙해지기도 전에 지친다. 그래서 처음 접하는 일 문화 콘텐츠는 만드는 사람은 기획하기 어렵더라도 참여하는 직원들에게는 무조건 쉽고 즐거워야 한다.

오프라인에서도 자연스럽게 잡담을 하기가 어려운데, 온라인은 얼마나 곤란할까. 그래서 누구든 자신의 이야기를 편하게 할 수 있도록 퀴즈로 다가갔다. 미리 와우 타임에 참가한 팀의 구성원들에게 요청해서 받은 개인 에피소드로 팀 맞춤 퀴즈를 만들었다.

피플실에서 무수한 아이스 브레이킹 콘텐츠를 테스트하며 내린 결론은 첫 번째, 누구든 쉽게 참여할 수 있고 두 번째, 잡담이 끝난 뒤 오늘의 대화가 참 유익했다는 마음이 들어야 한다는 것이었다. 단 그러려면 단순히 재미만 있어서는 안 된다. 10가지가 넘는 팀 빌딩 콘텐츠를 테스트했을 때 어떤 콘텐츠는 경험하는 순간에는 즐거웠는데 끝나고 나니까 남는 게

웃긴 '짤'밖에 없었다. 이런 콘텐츠는 구성원들이 서로를 잘 알고 있다는 전제에서는 추억 하나 남기는 목적으로 괜찮을지 모르나, 새롭게 관계를 만들어가는 팀이 많을 때는 적합하지 않았다. 그래서 피플실은 잡담을 나누지 않으면 모를, 구성원들의 숨은 이야기를 발굴하는 콘텐츠에 집중하기로 했다.

피플실은 일 이야기를 하지 않고 구성원 각자의 에피소드를 주제로 삼지만, 온라인으로도 충분히 정서적 교감을 나눌 수 있게 경험을 설계했다. 기대 반 긴장 반으로 시작한 베타 테스트는 성공적으로 마무리되었고, 참여한 구성원들의 긍정적인 피드백 덕분에 이런 콘텐츠를 통한 잡담 문화를 계속 유지해야겠다는 확신이 들었다. 재택근무 때문에 팀장이나 팀원을 한 번도 만나지 못한 신규 입사자가 많은 시기에는, 와우 타임이 조직 적응에 큰 도움이 되었다는 피드백도 인상적이었다. 대면해서 업무를 한 적이 있는 구성원들은 이미 서로를 잘 알기 때문에 관계를 크게 신경 쓰지 않아도 된다. 그런데 재택근무 중 조직 이동이 생기거나 새로 들어온 이들은 교감을 나눌 기회가 없었던 것이다. 또 와우 타임 때문에 무료한 일상에 활력이 돌고, 기업이 구성원을, 조직장이 팀원을 아끼는 마음이 오롯이 전달되어서 좋았다는 피드백도 많았다. 집에서 혼자 계속 일만 해서 외로웠는데 오늘은 혼자가 아니었다는 메시지도 있었다.

그리고 앞서 소개한 우아한런치 또한 변화가 필요했다. 재택근무 때문에 팀 동료들과 밥 한 끼 먹는 게 특별한 일이 되어버렸으니 기존에 우아한런치가 하던 기능을 온라인에서도 이어가보기로 결심하고 '랜선 런치'를 기획했다. 우아한런치를 시작한 이유는 만나기 힘든 타 부서의 동료들과 관계를 맺고, 나아가 일할 때 좀 더 유연한 소통을 할 수 있도록 돕기 위해서였으니, 건강한 관계를 맺는다는 긍정적인 면을 다시 살려보기로 했다.

그래서 비대면으로도 함께 밥을 먹고 친밀감을 쌓을 수 있게 구성했다. 다만 우아한런치를 진행할 때 대화를 이끄는 사람이 없으면 어색하거나 불편하기도 했다던 구성원들의 피드백을 고려하여, 온라인에서는 자연스럽게 누구나 부담 없이 참여할 수 있는 형태로 진행했다. 베타 테스트로 먼저 테마를 나눠 참여자를 지원받았고, 화면을 사이에 두고 밥을 함께 먹으며 구성원들끼리 음식과 관련된 퀴즈를 풀면서 즐거운 시간을 보냈다.

그런데 잘 모르는 동료들과 섞인 런치에서 문제가 생겼다. 어색해질 만할 때 재미있는 퀴즈가 나와서 자연스럽게 친해질 수 있었지만, 이 과정이 빨라서 밥을 먹기가 어렵다는 치명적인 단점이 발견된 것이다. 또 대화보다는 퀴즈에 몰입하다 보니 동료들과 친해지는 계기가 된다는 우아한런치의 의도를 충족하지 못했다. 그래서 퀴즈를 풀며 점심을 먹는 콘텐츠는 팀 빌딩을 위한 콘텐츠에 더 적합하다고 판단하고, 기존의 우아한런치의 기능을 잘 살릴 수 있도록 개선했다. 역시 자발적으로 구성원들의 신청을 받고 이들에 한해서 무작위로 조를 짜서 점심을 먹을 시간을 선물하는 것이다. 처음에는 어색할지라도 이러한 경험을 반복하며 구성원들이 소통 근력을 키울 수 있게 했다. 랜선으로 잡담을 나누는 문화는 이제 시작이기 때문에, 피플실에서는 다양한 버전으로 베타 테스트를 운영하면서 우리의 소통 문화를 구성원들이 잘 경험할 수 있게 다듬고 있다.

이런 잡담 시간은 서로 떨어져 일하는 구성원들을 연결해주었다. 또 감정을 교류하며 알게 모르게 쌓인 긍정적인 정서 덕분에 일의 능률을 올리는 소통을 할 수 있었다. 입사해 재택근무로 일을 처음 시작하거나 재택근무 도중에 팀이 바뀐 이들은 적응을 더 잘할 수 있는 심리적 안정감을 느꼈다. 특히 이렇게 일하는 중간에 합류한 이들은 자신이 함께하지 않은 구성원들과의 관계나 소통 방식을 모르기 때문에 고민한다. 그럴 때 이런 잡담 시간이 실마리가 될 수 있다.

많은 기업이 지난 2년 동안 비대면으로 근무하며 소통에 어려움을 겪었다. 온라인에서는 그 명암이 더 두드러지기 때문에, 대면 근무 때보다 소통에 더 신경 써야만 한다. 오프라인에서는 주변 환경이나 사람들 덕분에 어색한 공기도 금방 풀어지지만 온라인은 그렇지 않다. 화상 미팅 룸에 둘만 있을 때 흐르는 어색한 공기를 다들 느껴보았을 것이다. 업무 환경이 바뀌어도 일이 원활하게 진행될 수 있게 돕기 위해서는 직원들 간의 건강하고 수평적인 소통 관계를 만드는 일 문화가 더 탄탄하게 뒷받침되어야 한다.

더 이상 회사에 나와 일하는 게 전부가 아닌 시대, 어떻게 일하든 우리다운 경험의 질을 높이는 것이 조직 문화 담당자들의 큰 숙제가 아닐까. 오프라인에서 나누었던 일 문화의 모양을 바꿔 온라인에서도 동일하게 유지해야 한다. 기업의 노력이 없다면 끈끈하게 연결된 조직도 느슨해질 수밖에 없다. 회사에서 함께 일하지 않으면 관계를 이어가는 일이 어렵게 느껴진다. 오프라인에서 들인 노력의 두 배, 세 배는 해야 유대감이 쌓이기 때문이다. 그래서 조직 문화 담당자는 우아한형제들이 온라인에서 잡담을 나누는 시간을 일부러 만든 것처럼 직원들에게 정서적인 교감을 나누는 기회를 많이 주어야 한다.

우리 회사만의 언어는
왜 필요한가

언어와 문화의 싱크를 맞춰라

　'군대 문화'라고 하면 가장 먼저 떠오르는 것은 '다나까 체'가 아닐까. "이 조직은 완전 군대 문화야. 말투가 너무 딱딱해." 우리는 이렇게 각 기업의 인재상, 핵심 가치, 공지 사항, 메일, 채팅 메시지, 사이니지signage(정보 전달을 위한 시각적 구조물) 등을 통해서 기업의 언어를 익힌다. 기업이 사용하는 언어에 그 조직의 아이덴티티가 있다. '경직된 문화' '유연한 문화' '수직적 문화' '수평적 문화'라고 판단하는 기준은 기업의 언어에서 출발할 때가 많다. 즉 언어는 일 문화의 톤 앤드 무드를 만드는 핵심 요소다.

　　지금 당장 여러분 기업의 공식 소개 페이지나 일하고 싶은 기업의 사이트를 열어 어떤 언어로 기업을 소개하고 있는지, 가장 많이 사용되는 단어가 무엇인지 살펴보자. 딱딱하고 어려운지, 말랑말랑하고 쉬운지 언어가 주는 이미지를 비교해 보면 기업의 분위기를 짐작할 수 있다. 핵심 가치처럼 일 문화의 축이 되는 언어는 창업자가 정립한다. 기업은 그 언어를 바탕으로 신규 입사자에게 기업의 가치와 일 문화를 소개한다. 신규 입사자는 이 과정을 통해 기업의 언어를 이해할 수 있다.

그런데 보통은 여기서 멈추는 경우가 많다. 입사 초기에는 기업의 언어를 이해시키려고 부단히 노력하지만 그 이후에는 언어와 직원들을 연결하는 접점이 거의 없다. 팀마다 일 문화에 싱크를 맞춰 커뮤니케이션이 자연스럽게 흘러가면 좋겠지만 기업의 규모가 커질수록 커뮤니케이션 편차가 커질 수밖에 없다.

그래서 조직 문화 담당자는 기업의 언어가 명문화된 채로만 존재하지 않게 언어에 온기를 불어넣고, 활력을 더해 기업의 언어가 조직에 살아 숨 쉬게 해야 한다. 핵심 가치나 일 문화는 기업의 의사 결정의 기준이 되기 때문에 이런 언어들이 직원들에게 흡수되지 않으면 일 문화가 점점 약해질 수밖에 없다. 그래서 일 문화를 만들 때는 직원들이 기업 언어의 톤 앤드 무드를 느끼도록 다양한 채널을 통해 자연스럽게 노출해야 한다.

A사의 조직 문화 담당자가 내게 이런 고민을 토로했다.

"우리 기업과 전혀 어울리지 않는 어투로 공지 커뮤니케이션을 하는 부서가 있어요. 우리 기업의 언어로 소통하면 좋겠는데, 기업에서 잘 사용하지 않는 한자로 메시지를 작성해서 마치 공문을 보는 듯한 인상을 줘요. 기업 분위기에 맞게 수정을 요청했지만 한편으로는 '이렇게 관여해도 되는 것일까?' 하는 생각에 조심스러웠어요." 똑같은 정보를 전달하더라도 삼성의 공지와 우아한형제들의 공지에서 쓰는 언어의 온도는 다르다. 그래서 일 문화를 만드는 사람들은 기업의 아이덴티티에 맞는 언어를 직원들이 사용하도록 부지런히 움직여야 한다. 그 부서 특유의 용어라고 생각해 그냥 넘어가버리면 언어 격차가 점점 벌어지고 만다.

나는 A사의 조직 문화 담당자에게 내가 시도한 방법을 알려줬다. 그가 기업의 커뮤니케이션뿐 아니라 톤 앤드 무드까지 관리하는 일을 한다는 걸 각 팀에 정확히 알리며 논의해보라는 것이었다. 나는 다른 팀 리더들과 티타임을 하거나 업무 관련 미팅을 할 때 구성원들에게 메시지를 전하는 일에 어려움을 겪는다면 언제든 내게 연락하라고 했다. 각 부서의 정책이나 과업 같은 여러 투 두 리스트를 내부에 제대로 알리고, 구성원들이 실행으로 옮기게 하는 데는 내용을 전달하는 방식도 중요하기 때문이다. 특히 최근에는 우아한형제들이 성장하고 업무 환경도 바뀐 것을 고려해 외부에 내보내는 메시지만큼이나 내부 메시지 또한 우아한형제들에 맞는 언어로 소통할 수 있도록 세심하게 프로세스를 만들고 있다.

컬처커뮤니케이션팀의 중요한 업무 중 하나는 내부 메시지에 담긴 어려운 언어는 쉽게, 딱딱한 언어는 부드럽게 하는 일이다. 각 팀 리더가 팀에 보내는 공지뿐만 아니라 전 구성원에게 전달하는 메시지도 이렇게 마사지하고 있다. 다만 모든 메시지에 이런 마사지를 하는 것은 아니고, 구성원들에게 새로운 업무 방식(공간 및 네트워크 사용 방법 등)을 안내해야 할 때는 꼭 적용하고 있다.

기업 공식 사이트에서 사용하는 언어의 결과 기업 내에서 직원들을 대상으로 하는 메시지도 톤을 맞춰야 인터널 브랜딩이 제대로 될 수 있다. 그래서 일 문화 혹은 커뮤니케이션 담당자라면 기업의 문화를 반영하는 글쓰기 실력은 기본 중의 기본이다. 조직 문화 담당자는 자신의 글이 기업의 언어로 쓰였는지 주의해야 한다. 실제로 피플실의 구성원을 채용할 때 기업의 공지 커뮤니케이션을 담당했거나 뉴스 레터 등 정기 발행물을 다뤄본 이들에게는 글에 어떤 아이덴티티를 담아서 소통했는지 질문한다. 어떤 이들은 "이해하기 쉽게 작성했습니다"처럼 글쓰기의 기본을 답변했지만, 내가 함께 일하고 싶다는 인상을 준 이들은 "우리 조직은 어떠한 분위기이기 때문에 이러한 느낌을 전달하려고 노력했습니다" "글로 커뮤니케이션하는 대상이 어떠한 집단이기 때문에, 이러한 부분을 고려해서 작성했습니다"라고 답변했다. 기업의 일 문화를 만들고 싶다면 그 기업의 언어를 필사해보는 것을 추천한다. 그럼 면접을 볼 때 어느새 자신도 모르게 그 언어로 말하는 것을 발견할 수 있을 테니까 말이다.

피플실의 목표는 구성원들이 피플실과 이야기하거나 피플실이 보낸 메시지를 읽으면, 우아한형제들이 구성원을 존중하고 아낀다고 느끼게 하는 것이다. 피플실은 우리가 사용하는 언어를 통해 구성원들이 마음이 따뜻해지고 스스로 좋은 동료가 되게 유도하는 커뮤니케이션을 한다. 그래서 구성원들이 우아한형제들의 일 문화를 이해하고 공감하며 이런 문화가 자연스럽게 조직에 스며들도록 말이다.

피플실의 규모가 작을 때는 팀원들끼리 말하지 않아도 통하는 부분이 있었지만 새로운 팀원들이 들어오면서 이런 경험에 차이가 났고, 커뮤니케이션의 농도도 조금씩 달라졌다. 그래서 육아휴직으로 1년의 공백기를 가진 뒤 복귀할 때 전처럼 우아한형제들의 언어로 소통을 잘할 수 있을지 자신이 없었다.

이를 극복하기 위해 피플실의 소통 가이드를 정리하며 언어의 감을 익혔다. 이후에도 다른 팀원들과 함께 가이드를 만들면서 우아한형제들답게 소통하는 방법을 다듬고 있다. 이

피플실의 소통 가이드

쉽고	1. 신규 입사자도 이해할 수 있는가 2. 실행하는 데 어려움은 없는가 3. 기억하고 이해하기 쉬운가 – 핵심 메시지는 세 개 이하로 제한하기 – 메시지가 많을 때는 소제목으로 구분해 내용 이해 돕기 – 시행일, 마감일 등 일정 표기 – 사례를 통해 이해도 높이기 – 예상 질문에 대한 답변 준비하기
명확하고	1. 제목에서 핵심 내용과 일정이 잘 드러나는가 2. 취지가 잘 전달되었는가 3. 참여자의 범위는 명확한가 4. 불필요한 질문이 떠오르지는 않는가 5. 어색한 표현은 없는가(오탈자, 띄어쓰기, 어미 종결, 동어 반복, 불필요한 존칭 등) 6. 이벤트 당첨자 선정 및 발표 방식은 공정한가 7. 담당자 정보가 정확하게 기재되었는가(예: 팀 이름) 8. 사내 용어를 사용하고 있는가(예: 친환경 → 그린 경영)
위트 있게	"풋!" 하고 웃고 "아" 하고 깨닫는 위트와 공감 포인트 가 있는가(공감을 전달하기 위해 구체적 사례 참고, 위트의 경우 메시지의 성격에 따라 달라질 수 있음을 유의할 것)
디테일	1. 우아한형제들다운 메시지인가 2. 디테일 확인하기 – 읽는 사람의 관점에서 쓰였는가 – 부정적인 표현은 없는가 – 불편하게 느낄 요소는 없는가

가이드는 처음에 우아한형제들의 가치를 바탕으로 우리가 하는 일의 의미를 밝히는 내용으로 시작해 이제는 우아한형제들의 서비스 원칙인 '쉽고, 명확하고, 위트 있게'가 피플실의 커뮤니케이션에 어떻게 적용되는지 알리는 내용으로까지 넓어졌다. 한 단계 더 나아가 피플실의 각 팀에서 하는 콘텐츠별로 조금 더 디테일한 소통 가이드를 마련하고 있다.

피플실은 특히 소통의 언어를 집요하게 들여다보고 세심하게 접근한다. 마치 옷의 구김살을 펴고 부드럽게 하려고 방망이로 여러 번 두들겨 매만지는 다듬이질처럼 말이다. 옷감을 만 홍두깨 끝을 움켜잡은 사람은 다른 한 손에는 방망이를 쥐고, 맞은편 사람은 두 손에 방망이를 쥐어서 방망이 세 개로 옷감을 두드린다. 이런 다듬이질을 거치면 직물의 씨실과 날실이 제자리를 잡아 조직이 치밀해지고 옷감 특유의 광택과 촉감이 살아난다. 옷감을 가장 돋보이게 만드는 집요하고 세심한 작업인 셈이다.

소통도 마찬가지다. 팀원들도 처음에는 '이렇게까지 피드백을 나눠야 하나?' '이제 그만해도 되지 않나?' 하는 생각을 한 번씩 했을 것이다. 하지만 우리의 메시지가 구성원들에게 미치는 영향을 깨닫고 나면 왜 커뮤니케이션을 이렇게 다듬이질하듯 두드려야 하는지 이해하게 된다. 기업의 언어가 직원들에게 잘 전달되어 그들이 메시지만으로도 우리의 일 문화를 느낄 수 있도록 공을 들여야 한다. 만일 이런 과정을 소홀히 하면 기업의 언어는 고유한 빛을 잃어 아무도 찾지 않는 낡은 비단처럼 될 것이다.

커뮤니케이션 시그널을 보내다

일 문화에는 우리 기업의 가치를 느낄 수 있는 커뮤니케이션 시그널이 있어야 한다. 이 시그널에는 기업의 인재상, 핵심 가치, 일하는 방법 등을 시각적으로 표현하는 것이 포함된다. 또 시그널이 직원들과 연결되어야 한다. 조직 문화 담당자들은 직원들이 우리 기업이 중요하게 생각하는 가치들에 자연스럽게 스며들도록 물리적이거나 행동을 유도하는 시그널을 계속 만들어야 한다.

우아한형제들을 방문한 다른 회사들의 조직 문화 담당자가 카메라로 가장 많이 촬영하는 게 있다. 바로 무의식적으로 시선이 머무는 곳마다 붙어서 '말을 거는' 레터링 시트지다. 예를 들어 회의실 천장에 아이언맨 마스크가 있는데, 그 옆에는 '다 지켜보고 있다'라고 쓰인 시트지가 붙었다. CCTV라도 설치한 것 같지만 그냥 메시지일 뿐이다. 하지만 규율 위의 자율이라는 우아한형제들의 핵심 가치를, 위트를 놓치지 않으면서 은근하게 전하는 메시지이기도 하다.

우아한형제들에 입사한 뒤 이런 디테일 때문에 많이 놀랐다. '경영하는 디자이너'라는 창업가 덕분에 이런 문화가 잘 브랜딩된 것도 있지만, 공식적으로 브랜드와문화디자인팀이라는 크리에이티브팀을 따로 두고, 문화가 시각적으로 '말을 거는' 경험을 곳곳에 심고 있다. 시선이 머무는 곳에, 문고리를 돌릴 때, 엘리베이터를 탔을 때, 키오스크에 사원증을 태깅할 때 우아한형제들의 문화가 구성원에게 말을 건다. '배민다움'이라고 대놓고 쓰지 않고 기업의 톤 앤드 무드가 담긴 언어로 일 문화를 자연스럽게 느끼게 하는 것이다.

우아한형제들이 회사를 확장한 뒤 공간을 둘러본 나는 왠지 허전함을 느꼈다. 그러다 테이블 위에서 '100-1=0'이라고 쓴 시트지를 만드는 디자이너를 보고 그 이유를 알았다. '맞아, 우리 공간에는 이런 문구들이 있어야 비로소 우리답다 할 수 있지!' 하고 말이다.

백 마디 말보다 캠페인 한 번이 낫다

기업에는 중요하게 전달해야 할 메시지가 많다. 그래서 과하다 싶을 정도로 자주 소통해도 미흡한 점이 생긴다. 개별

메일을 보내고 공지 사항을 걸어 확실하게 이해시켰을 것이라 생각하지만, 직원들이 온전히 깨닫는 데는 시간이 걸린다. 그래서 중요한 메시지일수록 다양한 형태로 반복해서 전달해야 한다. 만일 직원들의 공감이 필요하고, 기업의 일 문화가 될 수 있도록 강조해야 하는 메시지가 있다면 캠페인을 열고 포스터로 전달하는 것을 추천한다. 단 벽에 너무 많은 포스터가 붙어 있으면 오히려 주목도가 떨어지니 최대 세 종류로 제한한다.

코로나19 사태가 터지고 얼마 안 되어 우수타에 회식과 관련한 구성원들의 여러 의견이 접수되었다. 이런 시기에 대면하는 것도 조심스러운데, 회식처럼 여러 명이 모여 밥이나 술을 먹는 자리는 더욱 불편하다는 내용이었다. 이런 고충은 구성원 대부분이 공감하고 있었기 때문에 각 조직장에게 가이드를 전해 빠르게 커뮤니케이션해야 했다. 우선 1차로 작성한 조직장 안내 메시지를 살펴봤다. 그런데 읽다 보니 코로나19 사태 때문에 회식을 자제하도록 안내하는 것은 이해하는데, 우아한형제들이 왜 회식을 하는지, 근본적인 의문이 들었다. 또 회식을 전면 금지하면 회식을 좋아하는 팀에는 공식적인 메시지가 오히려 허들이 되지는 않을까 고민스러웠다. 피플실은 이런 점을 다양하게 검토하고 열띤 토론을 벌였다.

그리고 회식을 강요하지 않되, 거절하면 불이익을 받을

100-1=0

수 있다는 불안감이나 피해 의식을 느끼지 않게 하는 것이 중요하다고 결론 내렸다. 피플실은 전달 방식으로 가이드보다 캠페인이 더 적합하리라 생각하고, 포스터를 만들어 전 구성원에게 우리 기업의 회식 문화를 알렸다. 그동안 우아한형제들이 소통했던 쉽고, 명확하고, 위트 있는 언어로 말이다.

또 다른 사례로 눈치 보지 않고 퇴근하고 휴가를 쓰는 분위기를 독려한 '새마음 캠페인'이 있다. 이렇게 우리 일 문화에 맞지 않는 흐름이 보일 때는 기업의 언어로 개선하고 알려야 한다. 누군가에게 불편함을 주던 사람은 눈에 보이는 이런 시그널들을 통해서 '내가 지금 하지 말라는 행동은 다 하고 있구나!' 하고 깨달을 것이고 불편을 겪는 사람에게는 이런 감정을 공식적으로 말해도 되는 분위기임을 인식시킬 수 있다. 조직에는 해당 문화가 우리 기업에 맞지 않는 문화임을 알리는 가이드가 된다.

공간의 이름에 회사의 정체성을 담다

한 생명이 탄생할 때 가장 심혈을 기울이는 게 '이름 짓기'다. 태명조차 의미는 물론 부르기 쉬운지, 어떤 느낌이 드는지 등을 사주까지 보며 짓는다. 나도 아이들 이름을 정할 때

메시지 전달은 명령하지 않고 부드럽게 해야 한다

정말 고민이 많았다. 시아버지가 어디선가 받아온 이름 후보 세 개를 두고 의미가 좋은지, 아이 이미지에 어울리는지, 커서 이 이름으로 불려도 이상하지 않은지, 별명이 너무 쉽게 붙지는 않는지 등을 체크했다. 이름은 곧 그 대상의 정체성을 의미한다. 그러므로 공간에도 기업의 정체성을 담아 의미를 부여하고 네이밍해야 한다. 공간 네이밍은 기업의 커뮤니케이션 시그널을 표현하기에 매우 좋은 수단이다.

네이버의 제2사옥의 이름은 '1784'다. 어떤 뜻인지 궁금하지 않은가? 네이버는 건축이 여러 사람에게 영향을 주는 거대한 플랫폼이라는 철학이 있다. 한 예로 네이버 연수원의 이름을 조선 시대의 서원에서 아이디어를 얻어 '커넥트원'으로 짓고, 직원들이 함께 학문을 연구하고 몰입하는 공간이 되길 바랐다고 한다. 제2사옥을 지을 때도 네이밍에 대한 고민이 많았는데 이번에는 숫자를 활용했다. 제2사옥의 번지수가 '178-4'이기도 했고, 인류가 처음 증기기관을 발명하고 산업혁명을 일으킨 1784년에서 힌트를 얻은 것이다. 네이버는 이 공간에 인류의 삶을 바꿀 새로운 가치를 만들겠다는 희망과 의지를 담았다. 이 스토리를 듣고 나니 네이버가 더 매력적으로 느껴지고 그들이 일하는 방식, 문제를 바라보는 시각까지 이해가 되지 않는가?

우아한형제들도 공간의 콘셉트에 맞게 회의실을 네이밍

했다. 우아한형제들의 큰집은 올림픽공원 근처에 위치했기 때문에 층마다 각 분야에서 혁신을 이룬 스포츠 선수들의 스토리를 담은 공간을 만들었다. 회의실 또한 '장거리방' '홈런방' '배구방' 등으로 이름 지어 공간의 콘셉트를 그대로 이어나갔다. 최근에는 새로운 콘셉트로 회의실 이름을 지었다. '가족들에게 부끄러운 일은 하지 않는다'라는 우아한형제들의 소중한 가치를 늘 기억하자는 의미로 구성원들의 자녀들이 정성껏 쓴 손글씨를 이미지화해 회의실 문패를 만들었다. 삐뚤빼뚤하지만 입가에 미소가 절로 번지는 손 글씨를 여러 개 받아 제비뽑기한 것이었다. 그냥 몇 층 몇 번 회의실이 아니라 이렇게 특별한 의미를 부여하니, 외부에서 방문한 이들에게 우아한형제들의 공간과 일 문화를 소개할 때 흥미로운 가치를 담은 스토리까지 함께 전달할 수 있었다. 구성원들 또한 업무 공간과 회의실을 부르는 이름을 통해 우아한형제들이 위트 있게 일하고 소통하는 기업이라는 걸 경험한다.

내가 우아한청년들이라는 다른 법인으로 잠시 파견 갔을 때도 회의실 등의 이름을 새롭게 지어, 기업의 커뮤니케이션 시그널을 만들었다. 재미있는 의견들이 많았지만 우아한청년들의 일 공간인 만큼 서비스의 의미는 물론 위트까지 담으면 더욱 좋겠다는 생각을 했다. 그래서 B마트(상품을 주문하면 즉시 배달하는 온라인 장보기 서비스)에서 판매하는 제품 중 뜻도 있고

회사의 핵심 가치를 공간에 녹이다

부르기도 재미있는 '마카롱방' '아이스크림방' '캔디방' 등으로 네이밍했다. 흔히들 하는 방식으로 쉽고 간단하게 할 수도 있지만, 작은 것이어도 이름을 짓는 데 의미를 넣다 보면 그 이름들이 모여 우리만의 문화를 나타내게 된다.

리트머스종이는 산성 용액에 넣으면 빨간색이 되고, 알칼리성 용액에 넣으면 파란색이 된다. 눈으로만 봐서는 알 수 없는 산과 알칼리를 구분할 수 있는 가장 간단하면서도 오래된 방법이다. 기업의 언어는 이런 리트머스 테스트와 같다. 기업을 설명하고 소통하는 언어가 주는 느낌과 연상되는 이미지가 모두 우리 기업을 가리키고 있는지 살펴보자. 만일 다른 기업에 적용해도 별반 다르지 않다면 우리 기업의 아이덴티티를 전달하는 메시지가 너무 부족한 것은 아닌지 생각해야 한다.

메시지에 '이것'이 빠져 있다면

기업의 언어와 관련하여 마지막으로 강조하고 싶은 것이 있다. 그것은 바로 생각보다 많은 기업이 놓치고 있는 '다정함과 따뜻함의 위력'이다. 커뮤니케이션 시그널은 직원들이 관계를 맺는 방식과 행동을 바꾼다. 그런데 대부분 기업의 커뮤니케이션 시그널은 '당신을 존중하고 있습니다' '관심을 갖고 있어요' '걱정하고 있어요' 같은 다정함이 빠져 있을 때가 많다. 일 문화를 만들 때는 기업이 직원들을 존중하는 마음이 들도록 이런 커뮤니케이션 시그널을 묻혀야 한다.

"우리 조직은 냉철한 판단을 위해서 솔직하게 커뮤니케이션을 나눠야 합니다. 이런 조직에 다정함과 따뜻함은 방해가 되지 않을까요?"

다정함과 따뜻함이 필요하다고 해서 꼭 친절하고 착하게 말해야 한다는 건 아니다. 다만 서로 솔직하게 소통을 하더라도 존중이 깃들어야 한다는 것이다. 냉철한 판단을 한다고 무례해도 되는 것은 아니니까 말이다. 서로 존중하며 소통하는 것은 특히 조직의 리더가 솔선수범해야 한다.

김지수 기자가 쓴 《일터의 문장들》에는 전 세계에서 상위 1퍼센트로 평가받는 팀을 분석한 《최고의 팀은 무엇이 다른가》의 저자 대니얼 코일과의 인터뷰가 있다. '서로를 대하는 방식이 일의 전부다'라는 소제목에서 알 수 있듯 대니얼 코일의 인터뷰를 통해 기업이 직원들과 서로 존중하며 일하는 관계를 유지해야 하는지에 대한 이유를 찾을 수 있다. 대니얼 코일은 권위와 공포에 기반한 관리는 단기간에만 유용하며,

지속 가능한 성공을 위해서는 태도를 바꿔야 한다고 강조한다. 리더가 직원 한 사람, 한 사람을 대하는 방식에 성공이 달린 셈이다.

이 책을 읽고 있는 리더 혹은 기업의 메시지를 전달하는 조직 문화 담당자가 있다면 오늘 회사에서 한 메시지에 존중이 담긴 따뜻한 말 한마디 넣어보는 것은 어떨까. 이 책이 기업의 언어의 온도를 섭씨 1도 정도 더 올리는 시작이 되기를 바란다.

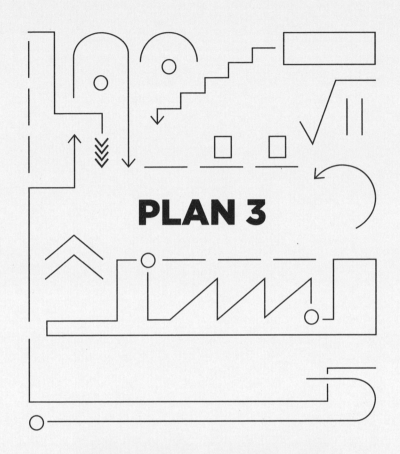

PLAN 3

일터의 처음과
끝을 짓다

: '일하기 좋은' 경험을 만드는 방법

조용한 사직 열풍,
오래 가는 조직의 힘

일하기 좋은 문화를 만드는 기업이 늘수록 직원들을 사로잡는 우리만의 매력이 필요하다. 월트 디즈니는 디즈니 랜드를 찾는 고객들이 '다시 오고 싶을 만큼, 친구들도 데려오고 싶을 만큼'의 경험을 주려고 했다. 기업 역시 직원들에게 내 가족도 이 회사에 다니면 좋겠다는 마음이 들게 해야 한다. 조직 문화 담당자는 직원들의 경험에 특별한 인상을 심어줘야 한다. 이러한 일 문화는 직원들에게 입사의 처음부터 퇴사의 마지막까지 영향을 미친다.

고객 만족과 직원 만족의 상관관계

직원들의 행복을 위해 일하는 행복전담팀이 있다는 사

실을 아는가? 화상 회의 서비스를 제공하는 줌ZOOM은 직원들이 즐겁게 일할 수 있게 돕는 행복전담팀happiness crew를 만들었다. 코로나19 사태 이후 재택근무를 하며 한 번쯤 줌을 활용하여 화상 미팅을 진행해보았을 것이다. 줌 창업자 에릭 위안Eric Yuan은 미국의 직장 평가 사이트 글래스도어Glassdoor의 2018년 CEO 지지율 조사에서 지지율 99퍼센트로 1위를 차지할 만큼 직원들에게 높은 지지를 받는 리더다. 현재 6,000명 이상이 다니는 기업으로 성장했지만 일하기 좋은 기업이라는 타이틀을 놓치지 않고 있다.

에릭 위안은 이런 성장 이유로 줌의 케어care 문화를 들며, 기업이 직원들을 가족처럼 챙겼기 때문에 성공할 수 있었다고 말한다. 코로나19 사태 덕분에 급격하게 커졌지만 줌 역시 그동안 유지하던 일하기 좋은 문화를 비대면 상황에서 이어가는 데 어려움을 겪었다. 직원들의 3분의 1이 9개월 동안 급속히 채용되며, 사무실을 한 번도 방문하지 않은 직원들도 많았고 관리자나 팀 동료들을 직접 만난 적이 없는 직원들도 있었다. 하지만 줌은 물리적으로 떨어져 일하면서도 직원들이 만족감을 느낄 수 있게 매월 독특한 경험을 제공하는 행복전담팀을 두고 줌의 일 문화를 전하기 위해 노력했다.

줌의 케어 문화

우리는 We care for
공동체를 돌보고 our community
고객들을 살피고 our customers
회사에 관심을 가지고 our company
팀원들을 보호하고 our teammates
우리 스스로를 아낍니다 ourselves

에릭 위안은 직원들이 집만큼 많은 시간을 보내는 회사를 마치 가족과 함께 집에 있는 것처럼 편안하고 즐겁게 느끼는 곳으로 만들겠다는 신념으로 행복전담팀을 두고 일 문화를 조성했다. 행복전담팀은 설문 조사를 해서 새로운 복지 제도를 도입하거나 사무실을 쾌적하게 바꾸고 깜짝 간식도 준비한다. 또 직원들의 사소한 일상을 챙기고, 이벤트를 열어 소속감을 느끼게 한다.

에릭 위안은 글래스도어와의 인터뷰에서 "스티븐 코비의 《신뢰의 속도》에 '기업은 속도보다 제대로 가는 것이 중요하다'는 내용이 나온다. 제대로 가는 것이란 직원들에게 신뢰와 행복을 주는 것이다"라고 말했다. 직원들이 행복해야 회사가 성장할 수 있다고 생각한 것이다. 창업자의 이런 신념 덕분에 줌은 일을 잘할 수 있는 환경뿐 아니라 직원들의 행복한 경험 등을 만드는 데 집중했고, 기업이 급속히 성장해도 꾸준히 '일하기 좋은 기업' 목록에 이름을 올리며 직원들의 행복이 성과에 긍정적인 영향을 미친다는 것을 증명하고 있다.

2010년부터 2018년까지 글래스도어에서 평점이 4.0점 밑으로 떨어져 본 적이 없는 기업 중 ACSIAmerican Customer Satisfaction Index(미국 고객 만족 지수) 점수가 80점 이하인 기업은 한 군데도 없었다. 고객이나 주주보다 직원들의 행복을 1순위로 두는 철학을 지닌 기업들의 고객 만족도가 높은 것이다. 글래스도어의 이코노미스트들은 이 조사에 따라 직원 만족과 고객 만족이 밀접한 상관관계가 있다고 주장했다. 이는 '행복한 구성원이 좋은 서비스를 만들 수 있다'는 우아한형제들의 철학이기도 하다. 우아한형제들은 구성원들이 행복해야 좋은 서비스를 만들 수 있고, 그런 서비스를 이용하는 고객 또한 만족할 수 있다고 믿는다. 그래서 일 문화를 만드는 피플실의 가장 중요한 역할은 구성원들이 행복하도록 돕는 것이다.

높은 수준의 연봉, 좋은 복지 제도 등 직원들의 만족을 이끌어내는 요소는 다양하다. 그런데 피플실은 눈에 보이지 않는 일까지 신경 쓴다. 예를 들면 구성원들이 존중받고, 소통이 잘되고 있다고 느끼게 유도한다.

자신이 이룬 성과에 감격하는 것은 아주 잠깐이다. 시간이 지나도 또렷이 생각나는 것들은 모두 동료와의 즐거운 순간들이다. 벤 호로위츠도《최강의 조직》에서 "당신 기업에서 일하면서 어떤 기분을 느꼈고 그 기업에서의 경험으로 자신이 어떠한 사람이 됐는지는 영원히 그들의 기억 속에 남는다. 이렇듯 기업의 성격과 정신은 영원히 그들과 함께한다. 그런 것들은 일이 잘못될 때 그들을 하나로 묶어주는 강력한 접착제가 된다. 그뿐만 아니라 그들이 매일 소소한 결정을 내릴 때마다 길잡이가 되어주며, 그런 결정들이 모여서 진정한 목적의식이 된다"라고 말하며 기업의 핵심 가치가 동반된 경험들이 중요하다고 강조했다.

그런데 기업이 직원을 하찮은 존재로 대우해서 직원이 자신을 그저 하나의 소모품처럼 느낀다면 어떨까? 그런 부정적 감정 때문에 성과는 당연히 나오지 않을뿐더러, 일 문화마저 병들게 될 것이다. 기업이 좋은 제품과 서비스를 만들려면 우선 직원들이 지금 행복한지 들여다봐야 한다.

신규 입사자를 우리답게 환영하는 기술

많은 기업이 직원들에게 입사 첫날 인상적인 경험을 주기 위해 노력한다. 픽사에서 신규 입사자는 한 상영관으로 들어가 영상이 가장 잘 보이는 제5열에 앉아 어떤 영상을 보게 된다. 스크린에는 이런 문장이 나온다.

"과거에 무엇을 했든 당신은 지금 영화감독이 되었습니다. 우리가 영화를 더욱 잘 만들려면 당신의 도움이 필요합니다."

픽사에 입사한 사람들은 이 경험 하나로 자신이 픽사에서 만드는 영화에 일조하는 일원이라 느끼게 된다. 애플은 신규 입사자에게 특별한 편지를 보낸다. 두 기업 모두 입사 첫날 직원들에게 기업 일원으로서 픽사와 애플이 만들어가는 혁신에 동참하게 된 것을 축하한다는 강력한 메시지를 전달한다.

여러분은 입사 첫날을 어떻게 기억하는가? 나는 이때 신규 입사자의 마음을 '전학생의 마음'이라고 자주 표현한다. 특히 경력자에게는 더욱 그럴 것이다. '어떤 곳일까?' '어떤 일을 하게 될까?' 하는 기대감과 '새로운 조직에 잘 적응할 수 있을까?' '동료와는 친해질 수 있을까?' 등 걱정과 긴장감으로 하루를 시작한다.

조직 문화 담당자에게 신규 입사자의 첫날을 좋은 인상으로 남기는 것만큼 중요한 일은 없다. 내가 피플실에서 오랫동안 애쓴 일이 바로 신규 입사자를 맞이하는 행사였다. 입사

세상에는 그냥 하는 일과 인생을 걸고 하는 일이 있습니다.
당신의 손길이 곳곳에 스며들어 있고, 절대로 타협할 수 없고, 주말이라도 기꺼이 희생할 수 있는 그런 일입니다.
애플에서는 그런 일을 할 수 있습니다.
애플에 그저 평범하게 일하러 오는 사람들은 없습니다.
그들은 여기에 끝장을 보기 위해 옵니다.
그들이 하는 일이 어떤 의미를 지니길 원하기 때문입니다.
어떤 거대한, 애플이 아닌 다른 곳에서는 일어날 수 없는 일이죠.
애플에 오신 것을 환영합니다.

There's work and there's your life's work.
The kind of work that has your fingerprints all over it. The kind of work that you'd never compromise on. That you'd sacrifice a weekend for.
You can do that kind of work at Apple.
People don't come here to play it safe.
They come here to swim in the deep end.
They want their work to add up to something.
Something big. Something that couldn't happen anywhere else.
Welcome to Apple.

— 애플이 신규 입사자에게 보내는 편지

전부터 "두근두근, 만남을 기다리고 있어요"라는 마음을 담은 메시지를 전하고 입사 당일에는 걱정과 긴장감은 덜어내고 '아, 이곳은 참 따뜻하고 나를 존중해 주는구나' 느끼게 했다. 또 적응하는 동안 궁금한 점들을 마음껏 물어볼 수 있는 짝꿍이 되어주었다.

나 역시 처음 입사한 날, 이런 온보딩on-boarding 때문에 감동한 적이 많았다. 우선 이렇게 많은 이로부터 환영 메시지를 받아본 게 처음이었다. 구성원들이 모인 채널에 나를 초대해 이름을 불러주며, 입사를 축하하고 환영한다고 해주는 문화에서 따뜻함을 느꼈다. 사무실을 소개받으면서 각 층에 근무하는 구성원들과 인사를 나눈 경험도 인상적이었다. 또 우아한형제들은 신규 입사자의 가족(부모님 댁)에게 입사 축하 케이크와 메시지 카드를 보낸다. 이런 문화가 있다는 것을 알고 있었지만 실제로 받으니 더 기뻤다. 특히 카드 속 메시지가 참 좋았는데, 대표 이름이 적힌 편지에서 나를 '직원'이 아니라 기업에서 함께하는 또 다른 가족으로 존중한다는 느낌이 들었다. 이 문화는 지금도 계속되고 있다.

온보딩은 직원 경험 지도map의 가장 첫 여정인 만큼 일 문화를 만드는 핵심이다. 신규 입사자에게 기업의 첫인상을 잘 심어주는 일부터 일할 준비를 잘할 수 있도록 돕는 물리적 지원, 조직에 자연스럽게 스며들 수 있는 분위기 조성, 조직을 빨리 파악할 수 있도록 하는 일까지 단계별로 디테일하게 준비해야 하는 것이 많다. 최근 만난 다른 기업의 조직 문화 담당자는 비대면으로 이런 온보딩 문화를 만드는 걸 많이 어려워했다. 오프라인에서 조직의 분위기와 환영하는 마음을 전달하는 일에는 익숙한데, 온라인으로 그 경험을 어떻게 전환할지 걱정했다.

온보딩 문화를 만들기 위한 세 가지 질문

1. 온보딩에서 신규 입사자에게 전달하고 싶은 경험(감정)이 무엇인가?
2. 기업은 오프라인에서 어떤 형태로 이 경험(감정)을 전달하고 있었는가?
3. 온라인으로 이를 전달한다면 어떤 방법으로 시도해야 하는가?

그럴 때는 기업이 전달하려는 경험과 감정이 무엇인지, 본질에 집중하면 해결책이 보인다. 온보딩 경험의 핵심은 유지하되, 형태를 온라인으로 바꾸는 과정만 되면 오프라인과 온라인을 넘나드는 온보딩 문화를 만들 수 있다. 이것은 팀에 새로운 동료를 환영하며 팀에 잘 적응시킬 때도 적용할 수 있다.

온보딩팀은 신규 입사자를 따뜻하게 맞이하고 우아한형제들의 일 문화를 압축한 입사 첫날의 경험을 제공하는 웰컴온Welcome-on을 운영한다. 웰컴온에서는 다른 기업의 온보딩과 마찬가지로 우아한형제들의 일 문화에 대한 소개부터 업무에 필요한 PC 환경을 세팅하는 일까지, 신규 입사자가 회사에 적응할 때 그들이 궁금한 점이 없도록 지원한다. 신규 입사자들과 우아한형제들 회사를 둘러보며 공간에 담긴 우리의 가치를 자연스럽게 알리고, 사무실 이용법도 세심하게 안내한다. 입사 동기들이 모인 슬랙 채널에는 인사조직실, 피플실, 총무서비스실 등이 실시간 대기한다.

이런 온보딩 문화는 피플실이 생긴 2013년부터 지금까지 이어오고 있다. 입사자가 늘고 업무 환경이 비대면으로 바뀌면서 온보딩이 더 중요해지자 아예 온보딩팀이라는 별도 조직을 만들어 신규 입사자들이 우리의 일 문화에 잘 스며들 수 있게 돕고 있다. 우아한형제들의 온보딩 문화에는 조금 특별한 점이 있다.

신규 입사자를 맞이하는 첫날에 가장 크게 신경 쓰는 일은 정서적인 안정감을 주는 것이다. 그래서 교육장이나 회의실이 아닌, 우아한형제들에서 가장 전망이 좋은 웬디방에서 온보딩을 시작한다. 사무실을 옮긴 이후에는 '가평 같은 방'이라는 곳에서 진행했는데, 이곳은 마치 가평의 어느 아늑한 펜션에 온 듯한 분위기로 꾸며졌다. 긴 시간 논의해야 하는 마라톤 회의, 워크숍을 위해 사용하는 공간인데, 회사 같지 않은 이곳에서 신규 입사자들을 맞이하며 그들이 편안하게 느끼도록 유도했다. 피플실 구성원들이 따뜻한 커피도 직접 내려주며 그들과 스몰토크를 한다. 신규 입사자들은 자기소개를 하면서 동기들을 알아가는 시간을 보낸다.

온보딩 문화를 개선하려고 한다면 이걸 꼭 추천하고 싶

다. 우리 기업의 톤 앤드 무드를 가장 잘 느낄 수 있는 공간에서, 일이 아닌 사람을 주제로 대화하는 것이다. 신규 입사자들이 온보딩을 통해 회사가 자신을 환영한다고 느끼는 것만큼 좋은 시작은 없다.

공식적인 온보딩 문화 외에도 우아한형제들에는 부서별로 구성원을 환영하는 고유의 문화가 있다. 언제 어디서부터 시작되었는지는 모르지만, 구성원을 환영하는 세리머니를 팀별로 개성 있게 진행한다. 신규 입사자들은 자신이 일할 사무실 문 앞에 위트 있는 웰컴 문구나 포스터를 보고 피식, 웃음이 나고 기분이 좋아진다. 우아한형제들이 권유하지 않았는데도 이런 이벤트가 자연스럽게 문화가 되었다. 피플실은 기업은 물론 팀에서 이뤄지는 이런 온보딩 문화가 우아한형제들만의 일 문화로 정착될 수 있게 '돌보미' 일을 업무로 추가해서 우아한형제들만의 리추얼로 정착시키고 있다.

온라인으로 온보딩할 수 있을까?

입학식 날 긴장이 가득 묻어난 자세로 찍은 사진은 있지만, 첫 사회생활을 남긴 기록은 그리 많지 않다. 그런데 우아한형제들에는 구성원들이 처음 입사할 때의 모습을 사진으로 남기는 문화가 있다. 여기서 우아한형제들이 중요하게 여기는 구성원과의 관계와 정서적 가치를 느낄 수 있다. 직원을 인력 자원이 아닌 함께하는 동료로 대하는 것이다. 사진의 주인에 게는 잊지 못할 첫 순간이 되고, 다른 구성원들은 자신과 함께 일할 동료를 알 수 있다. 이 사진이 왜 필요할까 싶지만, 시간 이 흐른 뒤 사진을 보면 초심도 생각나고 그때의 나와 지금의 나를 돌아보며 앞으로 나아갈 힘을 내기도 한다.

코로나19 사태 이후 신규 입사자를 맞이하는 방식에 변화가 필요했다. 그동안의 웰컴온은 첫 만남 때 공간이 주는 느낌과 서로 얼굴을 보고 하는 대화에서 전달되는 정서적 에너지에 집중했다. 그러나 비대면으로 이러한 가치를 전달하기 위해서는 변해야만 했다. 이 일이 내가 재택근무로 복직하고 처음으로 검토한 업무이기도 하다. 나는 당시 인사팀에서 신규 입사자에게 전달하는 문서, 입사해 재택근무로 처음 일하는 이들에게 줄 가이드, 일할 때 필요한 장비가 든 상자의 구성을 살피고 개선점을 찾았다. 내가 긴 육아휴직을 끝내고 재택근무로 복직을 한 터라 신규 입사자들의 마음을 십분 이해하면서, 나의 경험에 비추어 재택근무로 일을 시작한 구성원들에게 줄 수 있는 긍정적인 경험의 포인트를 발굴했다.

온라인 온보딩의 핵심은 직접 만나지 않고도 존중과 환영하는 마음을 전달하는 것이다. 우아한형제들이 오프라인으로 신규 입사자를 환영할 때 전달했던 마음이 전해지도록 디테일을 찾아내고 조금씩 개선했다. 나는 온보딩을 담당하던 실무자와 함께 비대면 환경에서도 따뜻함 한 스푼을 더하는 디테일이 무엇일까 고민했다. 그러나 새로운 물건을 직접 디자인하고 주문하기에는 시간이 부족했기 때문에 지금 당장 시도할 수 있는 것에 집중했다. 그래서 퀵 배달로 배송되는 상자 패키지에 '웰컴'의 의미를 담은 문구를 쓰고, 물건마다 말을 거는 레터링 스티커를 붙여 '이건 어떻게 사용해야 하지?' 하는 궁금증이 들지 않도록 친절하게 안내했다. 환대하는 마음은 신규 입사자의 이름을 N행시로 지어 배민신춘문예(배달의민족이 주최하는 짧은 시 공모전)같이 재밌게 표현하는 이벤트로 대신했다. 우아한형제들은 잡지 테러 광고라고 해서, 구성원들이 직접 잡지에 싣는 광고 문구를 작성해본 경험이 있었기 때문에 N행시 같은 문화는 자연스러웠다.

이런 디테일들은 그동안 우아한형제들에서 중요하다 생각하는 가치와 그 가치를 녹여내는 기업의 여러 경험에서 비롯되었다. 좋은 경험은 순환한다. 좋은 일 문화는 하나의 경험이 다른 경험에서도 비슷한 톤 앤드 무드로 연결된다. 민들레 홀씨가 날아가 다시 민들레를 피워내듯 말이다.

현재 피플실의 온보딩팀은 신규 입사자의 정서적인 안정감을 만드는 단계에서 나아가 신규 입사자들의 불편과 어려움을 해소하는 데 힘을 쏟고 있다. 피플실에서뿐 아니라 자신이 일할 조직에서도 정성과 세심함을 느낄 수 있도록 말이다. 기업의 규모가 커지면 팀 간에, 직원 간에 온도 차이가 생길 수밖에 없다. 조직 문화 담당자는 이 온도를 비슷하게 맞추는 데 온 마음으로 집중해야 한다. 그중에서도 신규 입사자의 온도를 기존 직원들과 맞추기 위해 더 신경 써야 한다.

마케팅에서는 기존 고객을 유지하는 데 드는 비용보다 새로운 고객을 창출하는 데 드는 비용이 더 많다고 한다. 조직도 마찬가지다. 기존 직원들과 소통하는 일은 어렵지 않다. 그들은 그동안의 경험을 통해 일과 문화의 맥락을 잘 이해하고 있다. 하지만 신규 입사자는 모든 것이 처음이고 낯선 경험이다. 그럴 때 조직에 스며드는 시간을 줄여준다면, 조직에서 생기는 오해와 문제를 해결하는 데 드는 비용을 아낄 수 있다.

현재 온보딩팀은 신규 입사자의 적응을 돕는 돌보미 제도가 더 큰 효과를 발휘할 수 있도록 돌보미들이 지원해야 하는 일을 구체적으로 정의하고, 체크리스트를 마련해 빠짐없이 챙길 수 있도록 한다. 입사 동기끼리 유대감을 쌓는 기회를 마련하는 것도 온보딩팀의 일이다.

퇴사자는 회사의 잠재적 고객이다

만남만큼이나 잘 이별하는 것이 중요하다. 사랑도 회사도 마찬가지다. 우아한형제들은 퇴사자와 어떻게 하면 우아한형제들답게 안녕할 수 있을지 고민했다. 나는 전 회사를 퇴사할 때 두고 오기 가장 아쉬운 물건이 있었다. 내 이름이 적힌 사원증이었다. 더이상 그 회사로 출근하지 않기 때문에 필요는 없지만 이름과 사진이 담긴 사원증은 졸업장 같아 아쉬웠다. 그래서 인사팀에 사원증을 가져갈 수 없는지 물었지만 당연히 보안 때문에 안 된다는 답변을 받고 대신 사원증의 사진을 찍어 헛헛함을 달랬다.

우아한형제들에서도 조금씩 퇴사자가 생기자, 우리는 오프보딩off-boarding도 우리답게 잘하고 싶은 마음에 퇴사자를 위한 우아한형제들만의 선물을 고민했다. 나는 지난날의 경험을 토대로 퇴사자에게 졸업장처럼 사원증을 선물하면 어떨까 했다. 우아한형제들의 사원증은 평범한 사원증이 아니라 조금 특별한 의미가 있기 때문에 퇴사 선물로 더 적합하다고 생각했다.

우리는 사원증의 디자인을 그대로 살리되, 사원증 뒤에 적힌 메시지를 '퇴사증' 콘셉트에 맞추어 위트 있게 바꾸었다. 사원증을 넣은 카드에는 롤링 페이퍼처럼 메시지를 쓸 수 있는 여백을 두어 피플실의 이별 인사를 적었다. 퇴사자들은 뜻밖의 선물을 받으며 감동했고, 저마다 우아한형제들에서 경험한 행복했던 순간을 말하며 마지막 인사를 전했다. 우아한형제들은 웰컴온에 신경 쓰는 것만큼, 여운을 남기는 메시지와 선물로 특별한 퇴사 문화까지 만들고 있다.

그러나 재택근무를 시작할 무렵 선물과 퇴사증을 택배로 보내야 하자, 마음을 어떻게 전달할지 고민스러웠다. 피플실은 퇴사자들이 새로운 기업에서 앞으로 펼쳐질 좋은 순간을 오래 기억하길 바라며 배민문방구에서 출시한 즉석 카메라를 선물했다. 재택근무가 장기화되면서 퇴사증은 이미지로 만들어 전달했다. 우아한형제들의 서비스를 활용해서 응원하는 방법은 없을까 고민하다 지금의 퇴사 선물을 고안하게 된 것인데, 그게 무엇인지 알려지면 앞으로 퇴사자들의 감동이 덜할 수 있으니 여기서는 '선물하기' 정도로만 힌트를 주겠다.

우아한형제들이 오프보딩과 퇴사자까지 세심하게 신경 쓰는 이유는, 그동안 함께 고생하며 좋은 서비스를 만들기 위해 애써준 구성원에 대해 감사하고, 그들이 다른 곳에서도 최고가 되기를 바라기 때문이다. 또 계속 우아한형제들이 만드는 서비스를 응원해달라는 의도이기도 하다. 이제 그들은 우리의 구성원이 아닌 서비스를 이용하는 고객이 될 테니까 말이다. 퇴사는 기업이라면 언제나 존재하는 너무나 자연스러운 헤어짐이다. 나는 기업과 직원들이 마지막까지 서로 응원하는 문화를 만들기를 바란다. 우리는 언제 어떻게 다시 만날지 모른다.

강한 팀워크의 원천,
소속 신호

소속 신호belonging cues는 집단 내 안전한 교류를 형성하는 일련의 행동을 의미한다. 대니얼 코일은 세계적으로 성공한 집단을 3년 동안 찾아다니며 그들의 공통점을 발견하게 된다. 팀원들 사이에 서로 연결되어 있다는 신호가 오가는 것이다. 그런 사소하지만 친밀한 행동이 모여서 긍정적인 에너지를 발산하고 있었다. 이런 소속 신호에는 세 가지 특징이 있다.

1. 에너지: 지금 일어나는 소통에 에너지를 집중한다.
2. 개인화: 개개인을 특별하고 가치 있게 대한다.
3. 미래 지향: 관계를 지속할 것이라는 신호를 보낸다.

나는 여기서 더 나아가 개개인을 특별하고 가치 있게 대하는 '개인화'와 더불어 '우리다움'의 경험이 있어야 한다고 생각한다. 또 기업 단위에서 소속 신호를 느낄 수 있도록 해야 하는 것은 물론 팀에서도 이런 신호를 느낄 수 있는 접점을 설계해야 한다.

직원을 감동시키는 피플실만의 선물 전략

내가 첫아이를 낳았을 때, 직장 선배가 신생아를 돌보는 데 필요한 용품을 선물했는데 물건 하나하나에 손수 쓴 메모가 붙어 있었다. 나는 그 메모를 읽고 크게 감동했다. 사랑을 받아본 사람이 사랑을 줄 수 있다는 말처럼, 마음이 따뜻해지고 기억에 오래 남는 선물을 받아본 이 경험이 구성원들을 위한 선물을 고민하는 데도 도움이 되었다. 예를 들어 첫아이를 낳은 구성원에게 줄 축하 선물로 일명 '초보 아빠 특별 키트'를 만들었다. 내가 경험한 것이 피플실에서 일할 때 큰 자산이 된 셈인데, 나는 이 키트에 출산 경험자로서 실제로 필요한 아이템까지 더해 선배처럼 하나하나 메모를 붙였다.

재택근무 때문에 비대면으로 소통하게 되자, 구성원들에게 선물을 전달하는 방법에 변화가 필요했다. 난관에 부딪힐 때마다 내가 받은 선물을 응용했다. 또 그동안 받은 피드백을 통해 구성원들이 감동받은 지점은 선물이 아니라 한 사람, 한 사람을 생각하며 선물을 고른 진정성이라는 걸 알았다. 이는 업무 환경이 바뀌어도 반드시 지켜야 할 가치였다.

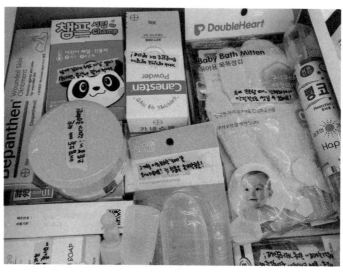

내 아이가 다니고 싶은 회사라는 마음으로

전 직장에서는 창립기념일마다 직원들에게 세 개의 선택지를 주고 그중 하나를 선물했다. 어느 날은 바람막이 점퍼, 등산화, 등산 가방 중 하나를 골라야 했는데, 직원들이 등산 동호회 회원도 아니고, 건강과 관련한 기업도 아닌데, 도대체 이것들은 어떤 의미를 지니는지 한참 고민했다. 나는 그중에 당장 필요할 것 같은 바람막이 점퍼를 골랐지만, 그저 '창립기념일마다 선물을 주긴 주는군' 정도로 시큰둥했다. 이런 형식적이고 의미 없는 선물은 기업과 직원들이 '싱크되어' 감동을 느끼게 하는 선물은 아니다. 직원을 특별하고 가치 있게 대하는 소속 신호가 담기지 않은 선물은 직원들에게 '쓸모없는' 경험을 전달해 역효과만 낸다.

그래서 나는 육아휴직이 끝나고 복직한 첫 피플실 워크숍에서 '인생 선물'이라는 주제로 동료들과 이야기를 나누는 시간을 마련했다. 자신이 받은 최고, 최악의 선물을 생각하면 우리가 구성원들에게 선물할 때 무엇을 고려해야 할지 더 잘 보이기 때문이다. 피플행복팀에서는 새로운 구성원을 채용할 때 이런 고민을 사전 과제로 내기도 했다. 지원자가 지닌 선물에 관한 이야기를 통해 그가 어떤 사람인지 유추할 수 있기 때문이다. 여러분도 한번 떠올려보라.

나는 어떤 선물을 하는 사람일까? 그리고 어떤 선물을 받는 사람일까?

경험은 예측 불가능해야 한다

선물에도 전략이 필요하다. 앞에서 언급한 바람막이 점퍼처럼 그저 의례적으로 주는 선물이나, 직원들이 원하지 않

선물에는 진심이 담겨야 한다

임신한 구성원을 위한 정성가득 선물 스토리를 남겨보려 합니다.

선물은,
흔하지도 뻔하지도 않으면서
받으면 생각지도 못했던 것
정말 많이 고민했구나!를 느낄 수 있는 것**이어야**
'감동 100% 선물'이지요.

제가 █████ 를 임신했을 때,
친했던 강사님으로부터 선물을 받았어요.
무려 █████ 까지 찾아와서 선물을 전해주고 갔답니다.
그때 그 선물이 굉장히 기억에 남았어요.
아기 상처났을 때 바르는 약-같은 것들이 들어 있었거든요~
당시 임신축하 관련 선물을 많이 받았었는데-
산모를 위한 편안한 신발, 아기 옷, 아기 장난감 등등
받으면 너무 감사하고 기쁘지만 대부분 비슷하고, 예측가능한 선물들이었죠.
그런데, 그 '선물상자'는 뭔가 특별했어요.

그 기억을 고스란히 안고 있다가,
█████ 이 출산휴가를 떠나기 전 무얼 선물할까 하다 번뜩 떠올랐죠.

그때 그 감동이.

사실 받았을 때는, 오잉? 이게 뭐지 할 수 있어요.
흔하게 받는 선물은 아니니까.
또 예쁜것❓은 아니니까.

그런데 그 상자 안에 담긴 하나하나는 정말 고민하고, 고민하고 고른.
또 시행착오를 겪으면서 엄마가 직접 써본 것들의 결과물이라.
시간이 지날수록 진가를 발휘할거라 믿어요. (내 생각 ㅋㅋㅋㅋ)
█████ 선물상자를 만들 때 좀 더 내용물을 추가해서 저만의 키트를 만들어 봤어요.

그리고 그 감동을, 우리 구성원에게 전하고 싶어서
키트를 정리해봅니다.

*육아휴직 후 돌아오는 █████, █████ 이 더 신박하고 유용한 아이템들을 추가해 놓으면,
피플팀만의 천하무적 특별 케어 리스트가 될거에요 >_<

는 선물은 지양해야 한다. 직원들이 기업이 시간과 비용을 들여 준비하는 선물을 냉랭하게 느끼게 해서는 안 되지 않은가. 작은 선물일지라도 전략이 필수다.

나의 실패 경험을 고백해보겠다. 초복 이벤트를 준비할 때였다. 과거에는 초복을 맞아 구성원들이 삼계탕이나 치킨을 '1인 1닭' 해서 먹는 이벤트를 열었다. 그런데 구성원 수가 많아진 데다 누구나 예측 가능한 경험은 피플실의 전략이 아니었기 때문에 새로운 이벤트를 고심했다. 그러다 진짜 치킨이 아닌 닭 다리 모양 과자를 선물하면 어떨까 하는 생각이 떠올랐다. 기획할 당시 피플실에서는 진짜 닭이 아니라 과자를 주는 위트 있는 이벤트라고 좋아했다. 그래서 급히 근처 마트에서 과자를 구입하기 위해 나섰다. 워낙 많은 양을 한꺼번에 준비하려다 보니 여러 장소에서 구입해야 해서 번거로웠다. 게다가 그냥 과자만 나눠주면 의미가 부족하니까, 일명 '닭 다리 잡고 삐약삐약'이라는 이벤트를 하나 더 열어 중복에 먹을 삼계탕 100그릇을 선물했다. 결과는 어땠을까? 중복 삼계탕 100그릇은 완판되었고, 구성원들끼리 인증 사진도 남기며 즐거웠지만 나는 이 이벤트를 실패한 경험으로 꼽는다.

차라리 '안 하느니만 못했다'라고 생각할 만큼 의미가 없었고 이벤트 간 연결도 자연스럽지 않았다. '1인 1닭다리'까지는 괜찮았지만, 과자를 받을 때 뜬금없이 "닭 다리 잡고 삐약

삐약"을 외치라는 미션은 의미도 연결성도 의아해서 이벤트를 하는 이유가 무엇인지 의문이다. 지금 생각하면 구성원들이 "갑자기?" 하며 호응하지 않아도 할 말이 없는 이벤트였다. 이 경험을 계기로 이벤트를 기획할 때 습관 하나가 생겼다. "이 선물은 무슨 의미인가?"는 물론 "어떤 기분을 느끼게 하고 싶은가?" "인증하고 자랑하고 싶은 선물인가?" 등의 질문을 던지며 스스로 검증하는 것이다. 정말 "닭 다리 잡고 삐약삐약"이 되지 않게 말이다.

피플실은 행사를 기념하는 굿즈를 기획할 때 다른 때보다 더 진지하게 논의한다. 행사 콘셉트에 맞춰 어떤 아이템을 구상할지, 구성원들이 선물을 받을 때 어떤 감정을 느끼길 바라는지, 행사를 내·외부에 인증하게 유도하려면 패키지 구성은 어떻게 할지 다각도로 고민한다. 또 불필요한 포장 때문에 쓰레기가 과하게 배출되지는 않는지, 최소한의 포장으로 최대한의 효과를 내는 방법이 있는지, 패키지 구성 재료가 그냥 버려지는 것이 아니라 계속 재사용되며 행사의 여운을 오래 남길지 등 환경까지 생각한다. 뭘 그렇게까지 하냐고 묻겠지만 선물도 받아본 사람이 잘할 줄 안다고, 구성원들이 기업의 이같은 노력을 느낀다면 고객이 이용하는 서비스에도 이런 긍정적인 경험이 고스란히 스며들 것이라고 믿는다.

직원들을 위한 선물을 고민할 때 해야 할 여덟 가지 질문

1. 누구를 위한 것인가?

2. 어떤 의미를 담고 싶은가?

3. 선물을 받았을 때 어떤 기분을 느끼게 하고 싶은가?

4. 선물의 첫인상은 어떤가?

5. 포장을 열었을 때 무엇이 보이면 좋겠는가?

6. 불필요한 것은 무엇인가?

7. 과하다고 느껴지는 것은 무엇인가?

8. 그 사람만을 위한 개인화 요소가 반영되어 있는가?(예: 이름)

선물의 고민이 담긴, 행사 굿즈 패키지가 궁금하다면 영상으로도 볼 수 있다.

진심은 디테일에서 나온다

마지막으로 돈으로는 절대 살 수 없는 선물을 소개하려

고 한다. 기업이 직원들에게 선물을 주는 것은 그저 기업의 예산을 사용하는 일이 아니어야 한다. 우아한형제들은 몇 년 전부터 매년 두 차례 구성원들의 추천을 받아 우아한인재상을 선정하고 있다. 우아한인재상은 우리의 인재상과 핵심 가치를 기반으로 동료들과 원활하게 협업을 잘하고 선한 영향력을 준 구성원에게 수여한다. 많은 구성원이 추천을 받는데, 그 사유를 읽고 있으면 내가 참 좋은 이들과 일하고 있다는 걸 느끼게 된다. 피플실은 우리만 보기에 아까운 추천 사유를 영상으로 제작해, 수상자를 소개할 때 모두가 함께 볼 수 있도록 했다.

그러나 한편으로는 어쩔 수 없이 소수만 선정될 수밖에 없는 아쉬움이 있었다. 구성원들도 비슷한 마음이었는지 우수타를 통해 비록 상은 못 받았지만 추천이 되었다면 당사자에게 이를 알리면 좋겠다는 의견이 많았다. 김범준 전 대표가 부문장이던 시절, 그 또한 자신이 별도로 추천 사유를 취합한 후, 누가 추천했는지는 밝히지 않고 당사자들에게 메일로 보냈다고 했다. 그때쯤 MBC 예능 프로그램 〈놀면 뭐하니?〉에서 유재석이 '유팡'으로 분해 사연을 전달하는 '마음 배달'이 방영되었는데, 피플실도 여기에서 아이디어를 얻어 '마음 배달 편지'를 기획했다.

그 무렵 운명처럼 내 앞에 편지 한 통이 도착했다. 1년 전

해방촌의 한 카페에서 내가 남편에게 보낸 편지였다. 그로부터 한 해 전 나는 《그냥 집을 나왔습니다》라는 책을 쓰려고 해방촌에서 글쓰기 수업을 들었다. 육아로 바쁜 터라 가족의 응원이 없었다면 불가능했을 것이다. 그때 우연히 들른 카페에서 '1년 후 나에게 쓰는 편지'라는 이벤트를 열었고, 나는 카페 한구석에서 다음 해 결혼기념일에 맞춰 남편에게 전달되기를 바라며 편지를 썼다.

이 경험을 살려 나는 편지에 구성원들의 '이름'을 정성스럽게 쓴 편지, 누군가의 '진심'이 느껴지는 편지라는 포인트를 넣기로 했다. 우아한인재상에는 매회 200여 명이 추천을 받는데, 피플실은 추천받은 구성원들에게 보낼 편지마다 '마음 배달'이라고 쓰인 실링 왁스로 도장을 찍어 손 편지 느낌을 낸다. 풀로만 붙여도 충분하겠지만, 흔한 편지와 차별화하는 피플실만의 디테일이다.

이 편지의 정체는 우아한형제들에서 공식적으로 알리지 않았다. 누군가가 내게 건네는 편지를 예측할 수 없듯, 깜짝 선물처럼 도착하기를 바란다. 꼭 우아한인재상을 받지 않더라도 이 편지 덕분에 스스로 1년간의 고생을 위로하고, 동료애를 느끼며, 다른 구성원에게도 자신이 느낀 고마움을 전하는 행동으로 이어지기를 바란다. 그렇게 되면 그 어떤 값비싼 선물보다 더 귀하고 의미 있는 선물이 아닐까. 기업과 직원이,

직원들끼리 서로 존중하고 감사함을 전할 수 있는 계기를 만드는 것, 좋은 동료가 많음을 느끼게 하는 것 또한 조직 문화 담당자들이 잊지 말아야 할 마음이다.

선물에는 직원을 존중하는 마음이 담겨야 한다

직설적인 문화에도 흔들리지 않는 이유

직원들에게 소속 신호를 확실하게 주려면 우리 기업에서만 할 수 있는 경험이 있어야 한다. 소속 신호를 확실하게 주려면 경험에 기업의 아이덴티티를 담는 게 필수다. 조직 문화 담당자는 핵심 가치를 직원들이 느낄 수 있게 경험으로 연결해야 한다. 대니얼 코일은 성공적인 문화를 공유하는 집단에서는 서로 감사를 표시하는 횟수가 많았다고 했다. 요즘은 감사하는 마음을 전할 수 있는 서비스가 많이 개발되고 있는데 그중 하나가 슬랙의 헤이타코HeyTaco 앱이다. 이 앱은 동료에게 고마움이나 칭찬을 표현하고 싶을 때 사용할 수 있는 앱인데 한국의 광고 플랫폼 기업 버즈빌은 이 앱을 통해 긍정적인 일 문화를 만들었다.

버즈빌은 연말 송년회 행사를 통해 지난 1년을 회고했다. 2017년 송년회까지는 버즈빌리언 어워드라는 시상식을 열어 인재상 기준에 맞는 우수한 동료에게 투표하고, 최다 득표자를 함께 축하했다. 그런데 버즈빌리언 어워드를 두고 '행사의 취지는 충분히 공감하지만, 묵묵히 일하는 직원들이 비교적 소외되는 경향이 있다' '수상자를 제외하곤 관심 없는 사람이 많았다. 송년회는 소수가 아닌 전체가 인정받는 자리가 되기를 바란다' 등의 피드백이 많았다.

그래서 2018년 송년회를 준비할 때는 어떻게 하면 좀 더의미 있으면서 모든 버즈빌리언이 함께 인정받는 자리를 만들 수 있을까 고민했고, 버즈땡스라는 새로운 이벤트를 기획했다. 각 직원은 총 세 명에게 익명 혹은 기명으로 감사의 메시지를 남길 수 있고, 모든 메시지는 이벤트 당일에 당사자의 메일로 전달되었다. 이 이벤트 후 버즈빌에는 평소 전하지 못한 감사를 동료에게 전할 수 있고, 스스로도 큰 힘을 받을 수 있어 좋았다는 피드백이 돌아왔다.

그런데 버즈땡스는 의미는 있지만 1년에 한 번밖에 이뤄지지 않았기 때문에 아쉬움이 컸다. 어떻게 하면 이런 문화를 일상에서 구축할 수 있을까 고민하던 EX팀(버즈빌의 일 문화를 만드는 부서)은 헤이타코를 도입하기로 했다. 앱이 잘 쓰일 수 있을까 하는 걱정과 달리 직원들의 호응이 뜨거웠다. 버즈빌에는 원래 직설적이면서도 도움이 되는 피드백을 나누는 문화가 있었다. 자칫 감정이 상할 수 있는 이런 문화를 버즈땡스와 헤이타코로 보완해 기업에 감사와 인정의 문화로 발전시켰다. 버즈빌이 심리적 안정감이 풍부한 기업이 되는 과정이 인상적이다.

사원증, 대화의 촉매제가 되다

입사한 지 한 달이 조금 지났을 때 사원증 촬영 일정이 잡혔다. 저마다 독특한 포즈로 찍은 개성 넘치는 사원증 사진이 부러웠기에 기대가 컸다. 전 직장에서는 평범한 증명사진을 사원증에 조그맣게 넣었다. 식별을 위한 학생증이나 운전면허증과 별반 다를 것이 없었다. 그런데 우아한형제들의 사원증은 달랐다. 사진을 찍어주는 사람이 바로 함께 일하는 동료이기 때문이다.

포토팀이 없던 때는 디자이너가 직접 카메라를 들었다. 스튜디오가 따로 없어서 빔프로젝트 스크린을 대신하는 대형 롤링 페이퍼를 배경으로 포즈를 잡았다. 나와 디자이너는 어떤 포즈가 좋을지 상의하던 중 내 이름이 '하나'인 점을 살려보기로 했다. 당시에는 직급을 불렀는데 '하나쥠(주임)님'이라고 빨리 부르면 꼭 '하나님'처럼 들리니 기도하는 포즈는 어떨까 제안했다. 동료가 아이디어를 내고 정성스레 촬영한 사진을 한 땀 한 땀 보정하고, 총무팀에서 사원증을 전달해주었을 때 느낀 감동은 잊지 못한다. 사원증 하나가 나오기까지 얼마나 많은 동료를 거친 것일까.

한명수 CCO의 강연에 동행한 적이 있다. 그가 밝힌 우아한형제들 사원증의 의미가 마음에 남는다. 사실 디자이너들은 사원증 디자인을 힘들어했다. 각자 콘셉트 등이 다르다 보니 입사자가 늘수록 과정이 더뎠다. 그래서 어느 날 한명수 CCO가 김봉진 의장에게 "이제 인원도 많아지니 디자이너들이 사원증 작업에 손이 많이 가서 힘들어합니다. 사원증에 기본 사진만 넣으면 안 될까요?"라고 제안했다.

그런데 김봉진 의장이 "명수 님은 우리 사원증의 의미를 아직 모르시는군요"라면서, 우아한형제들의 사원증은 개인이 누구인지 표현하는 것이기도 하지만, 사원증 하나로 구성원들끼리 한마디 더 건네게 하는, 조직에 대화가 풍부해지게 하는 도구라고 말했다. 디자이너들 역시 이 일화를 듣고 사원증을 받을 때 구성원들의 표정을 유심히 보며, 이 일의 의미를 이해했다고 한다. 사진이 찍히는 구성원들 역시 이 사원증 촬영을 통해 우아한형제들이 구성원들을 어떻게 생각하는지, 동료들끼리 어떻게 협업해야 하는지 알게 된다.

우아한형제들의 사원증은 단지 식별 장치가 아니라 서로의 개성을 확인하고 소재로 삼아 대화를 이어나가게 하는 촉매제다. 나는 자기소개를 할 때마다 사원증을 보여주며 "종교는 불교지만, 우아한형제들에서 하나님으로 불리고 있어요. 이름 덕분에 이렇게 기도하는 모습으로 사원증을 촬영했답니다. 우아한형제들은 님 호칭을 사용하고 있는데, 저는 편하게 하나님이라고 불러주세요"라고 말한다. 사원증이 동료 사이에 말꽃을 피우는 도구인 셈이다.

구성원들의 수가 많아지면서 사원증 촬영 방식에 변화를 줄까 고민했지만, 아직까지는 우아한형제들의 구성원들이 함께 만드는 방식으로 유지하고 있다. 사무실로 출근할 일이 점점 더 줄어드는 요즘에는 사원증 촬영을 이유로 회사에 나와 우리가 어떻게 협업하고 있는지 다시금 살펴보며 우아한형제들의 협업 문화를 느끼도록 한다. 또 사원증을 촬영하다 보면 동료들과 소통하며 우아한형제들이 추구하는 배려와 존중을 느낄 수 있다.

작은 회사를 위한 팁, '개인화'

조직 문화 담당자가 일 문화를 만들기 위해 직원들의 경험을 설계할 때 가장 고민하는 것이 예산이다. 양질의 경험을 만들기 위해서 예산이 많이 드는 콘텐츠가 있다. 하지만 큰 돈을 들이지 않고 만들 수 있는 경험도 있다. 규모나 예산이 작다면 우선 돈으로 살 수 없는 경험을 자주 느끼게 해야 한다.

내가 피플실에 합류한 후 구성원들과 점심 약속을 잡는 일만큼 중요했던 게 구성원들의 생일을 축하하는 것이었다. 동료와 매일 아침 회사 1층에 있는 편의점으로 가서, 생일자 명단을 노트북 메모장에 띄우고 7,000원 예산 안에서 세상에 단 하나뿐인 맞춤형 케이크를 만들었다. 지금 생각하면 일하면서 가장 행복하고 즐거운 고민이었다.

"지연 님은 젤리를 좋아하니까 하리보 젤리로 케이크를 만들자."
"버거 프린스 호경 님의 생일은 당연히 햄버거 케이크지!"
"술을 좋아하는 진복 님을 위해서는 일품진로를 일품진복으로 바꾸면 어때?"

평소 쌓아온 관계를 통해 알고 있는 구성원의 취향 데이

예산이 작아도 할 수 있는 가장 쉬운 이벤트

터로 각자의 생일 케이크를 만들었다. 만일 생일자가 어떤 것을 좋아하는지 떠오르지 않으면 '평소에 이분과 대화를 많이 나눠보지 못했구나' 하고 반성하기도 했다. 한 명 한 명을 위한 맞춤 케이크를 만드는 건 너무 비효율적이고 귀찮은 일일지도 모른다. 그런데 수고를 들여 만들었더니 받는 사람들에게는 잊지 못할 순간을 선사하게 되었고, 함께 웃을 수 있었다. 케이크를 받은 구성원들은 가장 피플실다운 생일 축하라고 말한다.

　　맞춤 케이크는 1년 동안 진행했는데, 그 후에는 변화를 주었다. 다시 돌아오는 생일에 똑같은 경험을 하게 할 수 없다는 생각에서 출발한 시도였다. 구성원의 수가 초기보다 두 배로 늘어났기 때문이기도 했다. 지난 생일 축하 문화에서 중요하게 여긴 것이 '구성원 맞춤 캐릭터'인 만큼, 구성원에 어울리게 디자인하면서도 우아한형제들다운 일 문화는 반영할 수 없을지 고민했다.

그렇게 탄생한 '삼행시 생일 포스터' 덕분에 구성원들에게 새로운 기쁨을 선물할 수 있었다. 삼행시는 우아한형제들의 대표 문화 중 하나이기 때문에, 여기에 위트 있는 메시지를 담았다. 그래서 매월 말 피플실은 삼삼오오 모여서 다음 달 생일자를 위한 삼행시 기획 회의에 들어갔다. 생일자가 좋아하는 것, 생일자에 관련된 특별한 에피소드 등을 떠올리며 삼행시를 광고 카피 기획하듯 진지하게, 그러나 유쾌하게 지었다. 아이디어가 떠오르지 않으면, 생일자의 동료와 함께 위대한 카피를 뽑곤 했다. 아이디어가 잘 떠오르지 않아 괴로울 때도 많았지만, 아침 일찍 붙인 생일 포스터에 함께 일하는 동료들의 축하 편지까지 더해져 생일자에게 선물할 때 구성원의 탄생을 기념하는 일에 진심인 기업과 구성원들의 마음이 느껴져서 참 따뜻했다.

그런데 한편으로는 구성원별로, 팀 분위기별로 생일 포스터에 동료들이 남기는 메시지 양의 편차가 심한 것을 발견하고 고민에 빠졌다. 그래서 여백을 보며 상처받는 구성원이 없도록 피플실이 마음 전달자가 되어 생일 메시지를 빼곡히 채우기도 했다. 아예 생일 포스터 사이즈를 줄이기도 했다. 이런 작업이 고생스럽지만 포기하지 않는 이유는 받는 이에게 특별한 순간을 선물하고, 소외당하는 사람은 없는지 세심하게 챙기는 것이 우리의 일이기 때문이다. 우아한형제들에서 느낀 긍정적인 경험이 결국 고객이 접하는 우리의 서비스에도 고스란히 전해진다는 믿음으로 '뭘 이렇게까지 다' 꼼꼼히 살폈다.

"우리는 '~답다'라고 할 만한 문화가 없어요."
"직원들을 어떻게 감동시키죠?"
"우리는 일 문화에 투자할 예산이 많지 않아요."

규모가 작아서, 예산이 부족해서 등의 이유로 일 문화를 만드는 것을 어려워하는 기업이 많다. 그러나 일 문화가 뚜렷하게 확립되어야, 예산이 풍족해야 콘텐츠를 만들 수 있는 것은 아니다. 시간과 비용을 많이 들이지 않아도 좋은 의도와 세심한 노력으로 영향력을 발휘하는 영역이 있다. 축하에 진심인 마음을 전하는 일이 바로 그런 것이다. 생일 축하 이벤트에서 우아한형제들다운 일 문화가 직관적으로 표현되지는 않는다. 그러나 구성원을 생각하는 진실된 마음은 드러난다. 그 마

개인화란 직원을 특별하고 가치 있게 대하는 것이다

8월의 크리스마스
하나님 축하해요

2015.08.18

음을 서로 주고받으며 조직의 온도는 분명 올라간다. 그리고 이는 함께 일하는 동료와의 관계에 영향을 미치고, 궁극적으로는 성과에 영향을 준다. 가장 어렵지만 가장 쉽게 감동시킬 수 있는 방법이 무엇인지, 뭘 이렇게까지 다 생각해주나, 하는 마음이 들게 '개인화'라는 특별함을 더해 직원들의 기억에 남는 순간을 만들어보는 것은 어떨까.

주도하지 말고
함께하라

의미를 부여해서 규칙적으로 반복하는 행동을 리추얼ritu-al이라고 한다. 최근에는 리추얼이 트렌드가 되어 일상에 활력을 불어넣는 습관을 가리키기도 한다. 미라클 모닝, 습관 챌린지 등 자신만의 리추얼을 통해 만족감과 성취감을 얻으려는 사람들이 많아지며 이와 관련된 플랫폼이 생기고 있다. 이런 리추얼은 비단 개인에만 해당하지 않는다.

직원들과의 관계가 서비스의 질에 영향을 미칠 수 있는데, 이런 친밀한 공동체에는 전사 행사 같은 기업만의 리추얼이 크게 작용한다. 기업의 일 문화를 행사에 녹여 감각적인 경험으로 가시화할 수 있기 때문이다. 기업의 규모가 커질수록 직원들 사이에 공유되는 경험이 줄어들 수밖에 없다. 하지만 리추얼이 제대로 작동하면 직원들끼리 강한 유대 관계를 구축할 수 있게 된다.

던바의 수Dunbar's number는 개인이 안정적으로 관계를 유지할 수 있는 사람 수의 최대치를 의미한다. 1992년 옥스퍼드 대학교의 문화인류학자 로빈 던바 교수는 영장류를 대상으로 '신피질 크기가 그룹 규모에 미치는 제약 조건'이라는 주제로 사교성을 연구한 논문을 발표했다. 그에 따르면 영장류마다 신피질의 크기에 따라 정보 처리 능력이 달라 개인이 감당할 수 있는 관계의 수가 제한된다. 그는 1993년부터 이 이론을 인간에게까지 확장하여 인간이 관리할 수 있는 인맥의 최대치가 150명이라는 가설을 내놓았다.

물론 던바의 수는 논란이 있지만, 중요한 것은 인간이 안정적인 사회적 관계를 유지하는 규모가 정해져 있다는 사실이다. 인원이 여섯 명만 넘어도 말을 하지 않는 사람이 생기는데, 기업은 어떨까? 성장하는 규모에 맞춰 직원들을 연결하는 방법을 고려하지 않으면 공동체로서 기업의 정체성을 강화하기 어렵다. 그러므로 안정적인 관계를 유지하며 기업과 직원을 이으려면 고유한 리추얼을 만들어야 한다.

직원들의 행복함을 만든다는 것은 단순히 웃고 즐겁게 떠드는 일을 기획하는 것이 아니다. 그보다는 직원들끼리 시너지를 내며 협업하는 에너지를 만드는 게 중요하다. 또 직원들과 공통의 경험을 하며 기업의 일 문화를 알리는 것이다. 일의 목표와 목적 달성을 위한 의견은 다를 수 있지만, 같은 기업의 직원들이라면 의사 결정 기준은 하나여야 한다. 리추얼은 직원들이 동일한 기준에서 생각하며 행동하게 하는, 탄탄한 유대 관계 속에서 서로 신뢰를 바탕으로 일하게 하는 무기다. 조직 문화 담당자는 리추얼을 설계할 때, 우리 기업만의 아이덴티티와 가치가 담겼는지 등을 확인해야 한다.

앞서 설명했듯 김봉진 의장은 창업 초기에 구성원들에게 좋은 기업이란 무엇인가 질문했다. 김 의장은 그들의 답변을 통해 '비전' '성장' '소통' '존중'이라는 네 가지 핵심 가치를 정했다. 구성원들은 좋은 기업이란 기업의 목표와 방향을 구성원과 공유하고, 기업과 함께 구성원도 성장하며, 기업에 궁금한 것이 없도록 위아래로 소통이 잘되고, 구성원이 부속품이 아니라 동료로 존중받는 느낌을 주는 곳이라고 생각했다. 규모가 커지면서 좋은 기업에 대한 그림은 조금씩 달라졌어도 결국 이 네 가지 가치로 연결된다. 피플실은 우아한형제들만의 리추얼을 설계할 때 구성원들이 소통과 존중을 느낄 수 있도록 세심하게 반영한다.

많은 기업에서 자사의 핵심 가치를 직원들에게 내재화하는 교육을 한다. 이 교육의 목표는 핵심 가치가 직원들의 마음 깊이 전달되어 행동으로 발현되도록 하는 것이다. 진정한 핵심 가치 내재화는 직원들이 직접 느끼고 그 가치에 동화되어 자발적으로 움직이도록 하는 것이다. 수많은 리뷰 중 가장 설

우아한형제들의 4대 핵심 가치

- 규율 위의 자율
- 진지함과 위트
- 스타보다 팀워크
- 열심만큼 성과

득력이 큰 유형이 아무도 협찬하지 않았는데 나서서 제품이나 서비스를 소개하는 '내돈내산' 리뷰다. 사람들이 이 리뷰를 신뢰하는 이유는 리뷰어의 자발성 때문이다. '직접 경험, 직접 행동'이 가장 진정성이 큰 핵심 가치 내재화인 것처럼 말이다. 우리 기업이 중요하다고 생각하는 가치를 직원들이 알아서 일에 잘 적용하고, 기업이 유도하는 방법대로 행동하기를 바란다면 우리 기업만의 리추얼을 시도해야 한다.

경험을 만든다는 것은 기업의 핵심 가치와 제도를 바탕으로 직원들이 일터에서 행복한 순간을 자주 느끼게 하는 것이다. 핵심 가치와 제도는 창업자나 특정 부서가 만들지만 조직 문화 담당자들은 이것들이 작동되도록 직원들의 경험을 설계한다. 그러므로 일 문화의 파급력은 핵심 가치나 제도보다 클 수밖에 없다.

전사 행사, 우리만의 '리추얼'이 되다

"이쯤 되면 행사에 진심인 분들."

전사 행사가 끝나면 구성원들에게 이런 피드백을 많이 듣는다. 전사 행사는 직원들과 기업이 서로를 어떻게 생각하는지 드러나는 시간이다. 다른 기업들처럼 우아한형제들도 서비스 론칭 행사에서는 앞으로 우리가 나아가야 할 다음 스텝을 알리고, 그동안 서비스를 만들고 운영한 구성원들끼리 감사 인사를 주고받는다. 송년회에서는 한 해 동안 고생한 구성원들을 응원한다. 그런데 코로나19 사태로 서비스 론칭 10주년을 기념하는 오프라인 행사가 전면 취소되면서 전사 행사 개최가 불투명해진 적이 있다. 그러나 우아한형제들다운 커뮤니케이션의 꽃인 전사 행사를 바이러스 때문에 계속 미루는 것은 참을 수 없었다. 그래서 비대면 나훈아쇼나 BTS 온라인 콘서트처럼 행사를 운영하기로 했다. 송년회 같은 행사를 뭘 그렇게까지 하는지 의아해할 수도 있다. 그러나 대표가 올 한해 고생했다는 메시지를 줌으로 전하고, 준비된 발표나 소소한 퀴즈를 온라인으로 진행해도 충분히 한 해의 마무리를 기념할 수 있다.

우아한형제들은 매년 돌아오는 연례행사도 그냥 하지 않

는다. 우아한형제들이 구성원들과 어떻게 일하고 관계를 맺는지, 소통을 이어가는지 느낄 수 있도록 우리의 일 문화를 담아내기 때문이다. 규모가 점점 커질수록 구성원들마다 행사 경험이 달라진다. 참여 여부나 소속감에 따라 우아한형제들의 일 문화와의 접촉도 줄어들 수밖에 없다. 그래서 우아한형제들은 공통된 경험을 비슷하게 느끼도록 콘셉트, 메시지 등을 디테일하게 기획한다.

행사를 기획하는 부서 입장에서는 1,000명이 넘는 인원을 안정적으로 참여시키기 위해서 디테일을 줄이고 쉬운 방법을 선택하는 것이 리스크가 적다. 하지만 직원들이 서비스를 만들 때 세심하게 고객 경험을 생각하듯 전사 행사 또한 직원들의 경험 하나하나를 살펴야 하지 않을까. 직원들이 만족스러운 경험을 많이 해야, 좋은 서비스를 만들 수 있으니까 말이다. 되도록 행사에는 다양한 부서의 구성원이 참여할 수 있게 한다. 전사 행사에 그동안 보기 어려웠던 구성원들이 등장하는 것을 보며 같이 웃고 추억을 쌓을 수 있기 때문이다. 우아한형제들은 하루 중 대부분의 시간을 일로 보내는 일상에 이렇게 새로운 구성원 경험을 선물하기 위해 노력한다.

우아한형제들의 전사 행사는 창립 기념일, 서비스 론칭, 연말 등을 기념하는 단순한 의식이 아니다. 전사 행사는 모든 구성원이 행복하고 즐거운 일 문화를 함께 누리는 우리만의 리추얼이다. 같은 시간, 같은 장소에서 우아한형제들과 구성원들이 한마음으로 몰입하는 경험을 한 뒤 서로 에너지를 주고 받는다. 우아한형제들은 코로나19 때문에 온라인으로 진행된 전사 행사에서 구성원들이 참여하는 실시간 퀴즈를 진행했다. 구성원들의 열띤 참여로 메신저 채팅창이 마비될 정도일 때는 공동체의 힘이 느껴져 전율하기도 했다. 재택근무 때문에 떨어져 있지만 우아한형제들은 함께라는 걸 알 수 있던 리추얼이었다.

구성원들을 주도하는 게 아닌, 참여시키는 행사를 계속 이어가는 이유는, 구성원들이 동료들과 콘텐츠를 함께 만드는 경험이 일터에서의 건강한 협력 관계로 확장되길 바라기 때문이다. 더불어 우아한형제들답게, 진지하지만 위트 있게 소통하는 커뮤니케이션은 무엇인지도 체득하게 할 수 있다.

소속감을 키우는 행사의 비결

'매년 돌아오는 행사. 이번에는 또 어떻게 하지?'

조직 문화 담당자라면 행사를 앞두고 한 번쯤 이런 고민을 했을 것이다. 고유한 리추얼을 통해 직원들에게 어떤 경험을 줘야 할지 답을 내는 게 쉽지만은 않다. 재택근무로 멀어지고, 인원이 점점 많아져 직원들끼리 관계를 맺을 기회가 줄어들수록 직원들에게 전사 행사는 어쩌면 더 간절하고 기다려지는 경험일지도 모른다. 성과는 금방 잊히지만 동료와 보낸 즐거운 시간은 오래 남기 때문이다. 그럴 때 전사 행사는 직원들에게 공통된 추억을 선물하고, 유대감을 형성해 신뢰로 이어지게 하는 힘이 된다.

매번 새로운 아이디어를 내는 건 어렵다. 대행사에 맡기더라도 핵심 가치나 메시지는 내부에서 정해야 하기 때문이다. 하지만 행사에 진심일수록, 우리 기업만 할 수 있는 행사를 만들 수 있을 것이다. 피플실은 매년 행사를 특색 있게 기획해왔다. 기업 규모와 그해의 상황에 맞춰 콘텐츠와 디테일에 변화가 있지만 프로세스는 동일하다.

전사 행사 기획 과정

갈증 확인 │ 어떤 내용을 담을 것인가?

행사의 콘셉트, 제목 등을 정하기 전, 행사에서 전달하려는 메시지와 경험 포인트를 정하는 단계다. 구성원 모두가 참여하는 만큼, 행사를 계기로 조직에 채우고 싶은 에너지가 무엇인지, 이를 위해 어떤 것이 필요한지 확인한다. 다음 질문들이 구체화에 도움이 된다.

①기업은 구성원들에게 어떤 경험 또는 기분을 선물하고 싶은가?
②지금 구성원들에게 제일 필요한 에너지는 어떤 것인가?
③기업과 구성원이 함께 기념할 이슈가 있는가?

`콘셉트, 제목, 주제` 행사의 이름은 무엇인가?

행사의 외관을 꾸미고 콘텐츠로 삼을 콘셉트와 타이틀(제목, 주제)을 정하는 단계다. 회의에서 나온 여러 의견을 하나로 정리한다. 기업이 구성원에게 전하고자 하는 감정, 경험을 나타내는 키워드가 반영되었는지 점검한다. 우아한형제들의 경우 공감(우리다움), 트렌드, 위트가 담겼는지 확인한다. 끝으로 제목과 주제를 누구나 이해할 수 있는지 살핀다. 설명이 필요하다면 재고해야 한다. 콘셉트와 타이틀에 사용되는 단어 등이 불러일으키는 감정도 크로스 체크한다.

`공간` 어떤 분위기를 연출할 것인가?

입구부터 무대, 포토존까지 콘셉트와 타이틀에 맞춰 연출한다. 구성원들이 입장한 뒤 느낄 기분을 생각한다. 사진을 찍도록 유도하는 것도 좋다.

`콘텐츠` 어떤 경험을 함께할 것인가?

일 문화를 이벤트 등에 담아 행사의 취지에 맞는 경험을 만든다. 특히 구성원들 스스로 이 행사를 만드는 데 참여하고 있다고 느끼도록 사전 이벤트 등을 기획하는 것도 좋다.

`디테일` 어떤 디테일을 담을 것인가?

우리 기업의 행사에서만 경험할 수 있는 포인트를 부여하는 단계다. 예를 들어 행사 때마다 리더가 일할 때와 달리 '색다른 캐릭터'로 변신하는 특별함도 재미있는 디테일이다.

`커뮤니케이션` 계획을 세워 소통하는가?

기업은 행사에 대한 구성원들의 기대를 높이기 위해서 공지 콘텐츠도 특별히 기획하여 콘셉트와 전략을 세워야 한다.

`리스크 체크` 돌다리도 계속 두드리며 건너라

행사의 완성도를 높이기 위해서, 발생할 수 있는 모든 리스크를 점검하는 단계다. 구성원들의 불편은 최소화하고, 즐거움은 최대화할 수 있도록 크로스 체크한다.

정서적 몰입이 강한 조직은 어떻게 될까?

조직 몰입organizational commitment은 개인이 특정 조직에 애착을 가짐으로써 그 조직에 남고 싶고, 조직을 위해서 더 노력하며 조직의 가치와 목표를 기꺼이 수용하게 되는 심리적 상태다. 즉 자기가 속한 조직을 자신처럼 생각하고 몰두하는 정도를 말하는 것이다. 단 워커홀릭이 지닌 부정적인 의미와는 달리 일에 대한 애정이 특징이다. 이런 긍정적인 조직 몰입도에 따라서 일 문화의 성숙도가 달라진다. 그러므로 조직 문화 담당자는 직원들의 몰입을 이끌어내야 한다. 마이어와 알렌 Meyer & Allen은 조직 몰입을 정서적 몰입affective commitment, 지속적 몰입continuance commitment, 규범적 몰입normative commitment으로 구분한다.

정서적 몰입은 조직에 정서적인 애착을 느끼고 자신과 동일시하며 몰입하는 것이다. 지속적 몰입은 소속된 조직과 결별하는 데 많은 비용이 드는 것을 고려해 조직의 일원으로서 자신의 자격을 유지하려는 심리적 상태다. 퇴사하고 싶지만 승진, 복리후생 상실 등 여러 이유 때문에 계속 남아 있는 것을 예로 들 수 있다. 마지막으로 규범적 몰입은 심리적 부담이나 의무감 때문에 조직에 몰입하는 경우다.

조직 몰입 중 가장 강력하고 오래도록 유지되는 것이 정서적 몰입이다. 이 유형의 사람들은 스스로 결속력을 강하게 느끼며 애착을 갖고 조직을 위해 헌신하는 태도를 보인다. 그러므로 기업은 직원들이 자발적으로 성과를 내게 유도하고, 훌륭한 인재들의 이탈을 막기 위해서는 정서적 몰입이 강한 조직을 만들어야 한다. 전사 행사는 직원들의 정서적 몰입을 이끌어내기 좋은 수단이다. 보통 정서적 몰입을 측정하는 척도는 다음과 같다.

정서적 몰입 측정 기준

☐ 이 기업의 일원이어서 행복하다.

☐ 나는 외부인에게 우리 기업에 대해 이야기하는 것을 좋아한다.

☐ 나는 소속 부서의 문제를 내 문제처럼 생각한다.

☐ 내가 만약 다른 기업으로 간다면, 지금만큼의 애사심이 쉽게 생기지 않을 것 같다.

☐ 나는 기업에서 가족 같은 느낌을 받는다.

☐ 나는 소속 부서 또는 기업에 대한 애착이 있다.

☐ 이 기업은 내게 개인적으로 큰 의미가 있다.

☐ 나는 기업에 소속감을 느낀다.

전사 행사 한 번으로 기업의 가치와 아이덴티티를 알게 하고, 직원들에게 소속감과 애사심을 갖게 한다면 다른 이벤트보다 효과도 크고, 진정성도 강할 것이다. 다른 기업들이 전사 행사를 기획하는 과정을 들여다보면 그 기업의 축소판처럼 느껴질 때가 있다. 기업의 커뮤니케이션, 기업이 직원들을 존중하는 마음, 기업의 비전과 가치 등 모든 것이 전사 행사에 응집되어 있기 때문이다.

직원들은 전사 행사를 통해 즐거움을 넘어 소속감을 느끼고 회사를 좋아하게 될 것이다. 우아한형제들에서는 전사 행사가 끝나고 나면 모든 구성원이 참여한 채널에 저마다 감사와 응원의 메시지를 남긴다. 그 메시지는 하나로 통한다.

"오늘도 애사심 뿜뿜했습니다!"

미래와 경쟁하

만나고 부딪히고
충돌하라

생산성을 극대화하는 회사 설계법

"공간이 문화를 만든다. 공간디자인실입니다."

우아한형제들의 일 문화를 만드는 팀들이 모인 회의, 공간디자인실 김철영 이사가 늘 하는 고정 멘트로 팀을 소개한다. 우아한형제들은 공간을 일 문화를 담는 그릇으로 여기기 때문에, 핵심 가치를 공간에 반영하려고 노력한다. 김봉진 의장은 "공간은 사람들의 행동을 바뀌게 하는 힘이 있어요. 행동이 바뀌면 생각이 바뀌죠"라면서 공간은 그 조직의 철학을 반영해야 하고, 그렇게 만들어진 공간이 구성원들의 생각에 영향을 준다고 믿는다.

그래서 우아한형제들은 창업 초기부터 공간에 남다른 애

정을 보였다. 내가 면접을 보려고 처음 우아한형제들을 방문했을 때, 그 누구도 공간에 어떤 문화가 담겼는지 설명해주지 않았지만, 공간을 오가며 역동적으로 움직이는 구성원들의 행동을 통해 이 기업의 문화를 강하게 느낄 수 있었다. 그 강렬함은 입사 후 공간의 의미를 하나하나 알게 되며 애착으로 바뀌었다.

우아한형제들의 공간 어디든 우리의 핵심 가치를 반영한 시그너처 공간이 있다. '스타보다는 팀워크' '잡담을 많이 나누는 것이 경쟁력이다'라는 우아한형제들의 핵심 가치에 맞게 서로를 잘 이해하고 협업하는 문화가 되기 위해 '우물가'라는 공간을 만들어 구성원들끼리 자연스럽게 마주치고 대화를 나눌 수 있게 유도했다. 이곳에서 같이 간식을 먹으며 대화를 나누거나 동료와 우연히 만나 새로운 정보와 영감을 주고받기도 한다.

또 우아한형제들의 소통 문화의 특징이라고 할 수 있는 트랙방은 수평적인 문화를 보여주듯 직급을 알 수 없도록 반원형 계단으로 설치한 자리에 누구나 앉아 자유롭게 의견을 말할 수 있게 디자인했다. 이런 트랙방의 특징 때문에 전사 발표나 우수타 같은 소통 콘텐츠를 이곳에서 주로 운영하며 우아한형제들의 소통 문화에 의미를 더한다.

이런 공간들 덕분에 구성원들은 사무실에서 일하는 순간

순간 우아한형제들의 일 문화와 핵심 가치를 느끼고, 구성원들과도 소속감을 강하게 공유하며 시너지를 낼 수 있다. 최근에는 우아한형제들뿐만 아니라 많은 기업에서 일하는 공간도 일 문화의 중요한 축을 이룬다는 데 많이 공감하며, 기업의 가치를 반영한 공간을 만들기 위해 애쓰는 모습을 많이 발견할 수 있다.

애플에서는 사람들이 출근하자마자 각자 자기 사무실로 들어가 하루 종일 틀어박혀 있었다. 공동체, 혁신, 행복한 업무 환경을 조성하기에 좋은 환경은 아니었다. 팀 정신도 전혀 자라나지 않았다. 지나치게 넓고 편리한 업무 환경이 좋은 의도와는 다르게 직원들을 그 안에 틀어 박히게 만들기도 한다. 잡스는 같은 실패를 두 번 겪고 싶지는 않았다.

그 결과 픽사 신사옥에는 욕실과 카페테리아가 건물 중심에 자리 잡았다. 직원들이 곧장 서로에게 갈 수 있는 길을 터놓았다. 퇴근할 때는 직원들이 서로 웃으며 인사하고 진행 중인 업무 이야기를 나누기도 했다. 자신의 의견에 공감해줄 사람을 찾거나 문제 해결을 도와줄 사람을 찾기도 했다. 사무실은 자연스럽게 창의력이 샘솟고 여러 아이디어가 서로 만날 수 있는 방향으로 배치되었다.

— 매튜 룬,《픽사 스토리텔링》

픽사가 성공을 거둔 요인 중 하나로 최대 주주인 스티브 잡스가 픽사의 직원들이 창의력을 마음껏 발휘할 수 있는 공간을 마련한 것을 꼽는다. 픽사의 스토리텔링 마스터 매튜 룬은 창의력 넘치는 업무 환경을 만들기 위해서는 물리적 환경, 실패에 대한 두려움 제거, 혁신을 격려하는 문화가 필수라고 강조했다. 스티브 잡스는 애플에서 겪은 실패를 바탕으로 픽사가 기업을 이전할 때 새로운 업무 공간을 만들려고 노력했다.

스티브 잡스가 공간 디자인에서 가장 크게 고려한 직원들이 '서로에게 갈 수 있는 길'을 터놓은 것은 충돌collision과 관련이 있다. 쉽게 말해 직원들끼리의 '우연한 만남'을 일으키는 것이다. 미국의 온라인 쇼핑몰 자포스Zappos 창업자 토니 셰이Tony Hsieh도 사무실에서 돌발적으로 이뤄지는 이런 직원들의 만남을 충돌로 표현하며, 이러한 충돌이 모든 조직의 혈류이자 창조성과 공동체 의식, 화합을 이끌어내는 핵심 요소라고 주장했다.

자포스는 2013년 라스베이거스의 신사옥으로 이사하며 직원들의 우연한 만남을 촉진하는 공간을 만들기 위해 1인 업무 공간을 기존 1인당 약 13제곱미터에서 약 9제곱미터로 줄였다. 그래서 업무가 겹치지 않는 직원들끼리 우연히 만나는 기회를 갖게 하고, 이를 통해 예상치 못한 아이디어를 창출하며 서로가 같은 기업에서 일한다는 공동체 의식을 느끼도록 유도했다. 자포스, 픽사, 구글 등 일하기 좋은 문화를 갖췄다고 말하는 대부분의 기업에서는 이러한 충돌을 공간에 설계했다.

우연한 만남이 갖는 효과는 과학적으로도 입증된 사실이다. 미국 미시간대학교 오웬스미스Jason Owen-Smith 박사는 172명의 과학자를 상대로 연구한 결과, 같은 빌딩에서 근무하며 업무 공간이나 동선이 겹치는 과학자들이 공동 연구를 할 가능성이 더 크다는 사실을 발견했다. 이들의 '겹치는 구간'이 약 30.5제곱미터 늘어날 때마다 공동 연구가 20퍼센트씩 늘어났다. 이 연구를 진행한 오웬스미스 박사는 〈월스트리트 저널〉과의 인터뷰에서 "동료를 더 자주 보고, 서로 더 부딪히면 갑자기 대화를 나누게 될 가능성이 크다"라면서 "부딪힌 사람이 서로 다른 정보를 알고 있다면, 이런 만남은 정보 교환의 매개가 될 수 있다"라고 했다.

또 다른 근거도 있다. 1970년대 후반 MIT의 토머스 앨런 Thomas J. Allen 박사가 주장한 앨런 곡선Allen Curve 이론이다. 앨런 박사는 사무실 간의 거리가 엔지니어들 간 기술 커뮤니케이션 횟수에 어떤 영향을 주는지 연구했는데, 엔지니어들의 책상 사이 간격을 50미터 이상 떨어뜨리자 소통이 단절되는 현상을 발견하게 된다. 사람들 사이의 물리적 거리가 멀어지면 의사소통의 횟수에 줄어든다는 이런 상관관계는 기업 혁신과 커뮤니케이션의 중요성에 대한 내용에서 자주 인용된다. '눈에서 멀어지면 마음에서도 멀어진다'라는 다소 고루한 표현이 진실인 셈이다.

2022년 디즈니 플러스에서 방영한 〈드롭아웃〉은 테라노스라는 바이오테크 기업의 대표가 부서 일을 직원들이 공유하지 못하도록 엄격하게 공간을 분리하고, 사소한 만남까지 차단하는 장면이 나온다. 결국 드라마가 말해주듯 회사에는 내 일만 알면 된다는 식의 폐쇄적 일 문화와 이기주의만 남는다. 앞선 연구들과 이 드라마의 에피소드를 교훈 삼아 기업이 직원들과 공동의 목표를 달성하기 위해서는 공유가 잘되는 소통 문화는 필수이고, 공간에서 섞이고, 어우러지는 밍글링 mingling 역시 존재해야 한다.

공간과 문화, 직원이 하나가 될 때

2010년대부터 많은 기업에서 직원들이 함께 섞이는 공간의 중요성을 느끼고, 직원들 사이의 충돌이 자연스럽게 이뤄지도록 사무실을 지었다. 그런데 여기서 조직 문화 담당자가 하나 더 고려해야 하는 것이 있다. 공간을 잘 만들어놓는 것이

전부가 아니다. 공간의 목적대로 직원들이 공간을 사용하도록 해야 한다. 조직 문화 담당자는 이를 위해 밍글링 경험을 치밀하게 세워야 한다. 대니얼 코일은 "공간 활용은 대면 상호작용을 유도하고 힘에 관한 신호를 보낼 수 있기 때문에 중요합니다. 하지만 공간은 해결책의 일부예요. 상호작용의 단계를 설정하지만 상호작용을 생성하지는 않습니다"라고 강조한다. 그래서 기업이 핵심 가치를 반영한 공간을 만든 뒤에는 그 공간을 활용하여 직원들의 경험을 설계하는 일이 반드시 뒤따라야 한다.

피플실은 우아한형제들의 일 문화를 담은 공간이 제대로 활용될 수 있게 공간과 문화, 구성원을 연결하는 특별한 경험을 만들고 있다. 그 예로 우아한형제들에 새로 생긴 우아한키친이라는 공간을 단순히 사내 식당이 아닌 다른 의미로 어떻게 연결할 수 있을지 고민했던 피플실의 이야기를 들려주려고 한다.

그전에 일명 '따따따WWW:Welcome to the Woowa World 워크숍'을 먼저 알아야 한다. 이 워크숍은 신규 입사자들끼리 친목을 도모하고, 기업을 조금 더 이해하고 리더와 가까워지는 계기를 만드는 프로그램으로, 2014년 상반기까지 신규 입사자들이 모두 교외로 나가 1박 2일을 보냈다. 그런데 내가 입사한 2014년 연말부터는 매주 입사하는 구성원 수가 조금씩 늘어나고 있었다. 그래서 피플실에서는 따따따 워크숍을 달마다 기업 내에서 진행해 보기로 하고, 신규 입사자를 위해 어떤 프로그램을 구성할지 회의했다.

특히 나는 따따따 워크숍의 첫 참가자이자 워크숍을 운영하는 운영자이기도 했다. 그래서 이 워크숍에 참여할 구성원의 마음과 주최자의 마음을 오가며 콘텐츠 기획에 열중했다. 따따따 워크숍의 새로운 구성을 논의할 무렵, 우아한 키친이라는 사내 식당이 생겼다. 피플실은 이 공간을 활용하여 우아한형제들다운 워크숍을 만들 방법을 논의했다. 그래서 앞에서 설명한 우아한런치를 패러디해 '우와!한 런치'를 기획하고

우리만의 공간을 활용해서 친밀감을 형성하는 법

각 팀의 리더들이 직접 신규 입사자를 위한 메뉴를 요리해 주기로 했다(사실 이 아이디어는 역시 앞에서 설명한 잡담을 하다가 나온 것이다).

리더들이 정한 메뉴가 공개되면 신규 입사자들은 무작위로 메뉴를 선정하여 조를 이룬다. 자신들이 어떤 리더와 식사를 할지는 우아한키친에 도착해서 알 수 있다. 평소 요리에 일가견이 있던 리더들은 다양한 기술을 뽐내며 신규 입사자들과 대화를 이끌어나가고, 요리에 조금 서툰 리더들은 신규 입사자들과 같이 재료를 손질하고, 음식을 만들며 친해졌다. 밥한 끼 사 먹으면 그만일 수 있지만, 우아한키친이라는 공간에 새로운 의미를 부여해 다른 방식으로 활용하고, '스타보다는 팀워크'라는 우아한형제들의 문화를 느낄 수 있게 한 것이다.

내가 1년간 육아휴직을 보내고 2017년 여름에 복직했을 때 피플실에서는 따따따 워크숍을 유지할지 말지 고민하고 있었다. 우아한형제들의 일 문화를 전하는 배민컬처캠프라는 콘텐츠가 생기면서 따따따 워크숍은 변화가 필요했다. 때마침 얼굴과 이름을 익힐 사이도 없이 많은 구성원이 우아한형제들에 입사할 때여서, 김봉진 의장은 신규 입사자들과 함께 인사 나누며 얼굴 익힐 시간이 있으면 좋겠는데, 자발적으로 참여할 수 있도록 점심시간을 활용하면 어떻겠느냐고 피플실에 제안했다. 피플실은 아이디어를 내기 위해 잡담을 나누기 시작했다.

우선 그동안의 경험을 먼저 떠올렸다. 따따따 워크숍에서 리더가 직접 요리를 해준 '우와!한 런치'와 김밥 프랜차이즈 식당 김가네를 패러디한 '봉가네(김봉진 의장이 직접 김밥을 싸서 구성원들에게 대접했다)'가 있었다. 브랜딩에 진심인 기업인 만큼 이런 작은 행사도 이름이 중요했다. 그래서 당시 유행하던 요리 프로그램 〈윤식당〉을 참고하여 '봉식당-가평편'이라는 콘셉트로 기획했다.

이 봉식당을 시작으로 점심시간에 기업을 이끌어가는 리더와 신규 입사자가 만나는 기회를 만들었다. 이후 대표를 상징하는 봉식당 대신 리더들과 요리하며 얼굴도 익히고, 궁금한 이야기도 나누는 '가평밥'이라는 프로그램으로 진화했다. 함께 밥을 먹는 공간은 회의실로 자주 사용되던 '가평 같은 방'이었다. 이곳은 답답한 서울을 벗어나 휴식을 즐기는 가평에서 힌트를 얻어 신발을 벗고 편안하게 움직일 수 있는 펜션처럼 꾸며져 있다.

우아한형제들의 일 문화를 배우기 위해 방문한 다른 기업의 조직 문화 담당자가 공간들을 보고 이런 말을 했다. "우아한형제들은 물리적 환경만 와우wow 한 것이 아니네요. 공간이 담고 있는 가치와 그것을 경험으로 만드는 일이 더해져서 정말 와우하는 감탄이 나오네요." 현재 일터의 모습은 우아한형제들의 일 문화를 공간에 담기 위한 여러 부서의 진심과 그 공간을 제대로 이용하는 구성원들이 있기 때문에 가능했다.

"행동을 바꾸고 싶다면 공간을 바꾸세요"

그런데 이런 공간 경험이 꼭 의도대로 되는 것은 아니다. 그러므로 조직 문화 담당자는 직원들이 공간을 기업이 설계한 대로 사용하고 있는지 지속적으로 소통해야 한다. 최근 내가 우아한형제들이 롯데월드타워에 스마트 오피스를 표방한 새로운 사무실(더큰집)을 여는 데 참여한 경험을 들려주겠다.

이곳은 지난 2년 동안 재택근무와 사무실 근무를 병행하며 방해받지 않고 화상회의를 할 수 있는 공간이 필요하다는 구성원들의 의견을 반영하여 '집중 업무 공간'을 두고, 자율 좌석 제도를 도입했다. 예약해서 사용할 수 있기 때문에 일찍 오는 구성원이 하루 종일 이 공간을 쓰는 일이 많았다. 그러자 다른 구성원이 화상회의를 하거나 온라인 면접을 할 때 사용할 수 있는 공간이 없어졌다. 또 사내 카페 앞 테이블도 키오스크로 예약해서 사용할 수 있도록 했는데, 의도와 달리 커피 한잔하며 이야기를 나눌 자리가 부족해지기 일쑤였다. 새로운 사무실을 열고 일정 기간에 이런 구성원들의 이용 패턴을 파악한 후, 불편함을 개선할 수 있는 방안을 공간디자인실, 총무서비스실 등과 논의했다.

그 결과 카페 쪽 업무 공간은 누구든 자유롭게 앉아서 일하고 티타임도 나눌 수 있도록 예약 좌석에서 제외했고, 집중 업무 공간으로 불리던 공간은 화상회의나 면접 같이 내밀한 일을 해야 하는 구성원이 필요한 시간에 사용할 수 있도록 '1인 회의실'이라고 바꿨다. 공간의 이름과 예약 방법을 바꿨을 뿐인데, 아침 9시에도 예약이 꽉 차 있던 집중 업무 공간을 구성원들 스스로 중요한 회의와 면접이 있는 사람이 먼저 쓰는 공간으로 인식하고 그에 맞게 사용하기 시작했다. 애초부터 그렇게 계획했다면 더 좋았겠지만 실제로 그 공간을 채우는 구성원들의 패턴을 살펴보지 않으면 알 수 없는 점이 많다. 그러므로 조직문화 담당자는 공간의 의도와 직원들의 사용 패턴에 맞게 환경을 꾸준히 개선하려고 노력해야 한다.

이번에는 온라인 공간의 경험을 바꾼 사례를 소개하겠다. 코로나19 사태로 재택근무가 도입된 후 '메타버스 사옥'이 새로운 화두로 등장했다. 실제 업무 공간과 비슷하게 구현된 가상 오피스에서 아바타를 통해 사무실에 출퇴근하고 회의하는 메타버스에 대한 관심이 뜨거웠다. 그런데 메타버스가 화제가 되긴 했지만 실제로 메타버스 사옥을 이용하는 기업이 그리 많지는 않았다. 메타버스 사옥이 오프라인 사무실은 대체하기에는 부족한 점이 많았기 때문이다. 우아한형제들에서도 피플실이 다른 기업의 메타버스 사옥을 체험해보고, 여러 플랫폼을 테스트하면서 메타버스 사옥을 우리의 일 문화에 반영할 수 있을지 고민했다.

그러나 메타버스 사옥은 재택근무 상황에서 구성원들끼리 온라인으로 연결될 수 있는 좋은 수단이지만, 아직은 불편한 점이 더 많다는 결론을 내렸다. 하지만 같은 공간에 있다는 소속감, 아바타처럼 재미있는 도구 등 메타버스 사옥만의 강점이 있기 때문에, 이를 활용해 우아한형제다운 소통 방식을 만들 방법을 생각했다. 가장 먼저 시도한 것이 앞서 설명한 와우 타임을 게더 타운Gather Town(메타버스 기반 화상회의 플랫폼)을 활용하여 팀 빌딩을 지원한 것이다. 그런데 이 콘텐츠는 피플실의 승인이 있는 구성원들이 아니면 게더 타운에서 밍글링할 수 없다는 단점이 있었다.

온라인에서 잡담을 나눌 수 있는 시간을 제공할 수는 있지만 '공간'은 어떻게 줄 수 있을까? 잡담을 나누던 중 컬처커뮤니케이션팀에서 와우 타임을 안정적으로 정착시킨 후 에어비앤비를 패러디한 와우비앤비를 테스트하기로 했다. 에어비앤비가 사람들에게 공간을 대여해주는 것처럼 구성원들이 우아한형제들의 분위기를 느낄 수 있는 온라인 공간을 여는 것이다.

　이미 많은 기업에서 자사 분위기를 반영한 메타버스 공간을 운영하고 있었지만 출퇴근, 신규 입사자 오리엔테이션, 송년회 같은 행사로만 제한했다. 피플실은 팀들이 필요할 때 예약해서 사용하는 가상공간을 구상하고, 게더 타운 맵을 우아한형제들의 공간에 맞게 만들었다. 이를 위해 컬처커뮤니케이션팀의 디자이너가 한 땀 한 땀 장인 정신을 발휘했다.

　맵에는 별다른 준비 없이도 자연스럽게 스몰 토크를 이어나갈 수 있는 장치를 숨겨놨다. 'OX 카페트'를 깔아 OX 퀴즈로 가볍게 회의를 시작하거나, '비밀의 방'에서 깨알 같은 질문을 따라가며 특별히 노력을 들이지 않으면 알기 어려운 동료들의 취향을 알 수 있기도 한다. 오프라인 공간에 우리의 일 문화와 가치를 반영했듯 메타버스 세계의 공간에도 우아한형제들의 소통과 존중의 가치를 담았다. 또 회의실 예약 리스트에 '가상회의실'이라는 목록을 별도로 두어 밍글링이 필요할 때 누구든 사용할 수 있도록 했다.

　와우비앤비가 우아한형제들만의 일 문화라고 할 수는 없지만, 우아한형제들이 중요하게 여기는 공간의 의미를 재해석하면서, 온라인 공간으로도 구성원들에게 여러 경험을 제공하려고 노력했다는 점에서 의미가 있었다. 와우비앤비는 메타버스 공간에서 밍글링하길 원하는 소수의 구성원을 위해서 최소한의 리소스로 유지 중이다.

코로나19 사태로 사무 공간에 대한 개념이 많이 바뀌었다. 이제 사무실뿐 아니라 집, 바다, 휴양지 등 내가 있는 어디에서든 일할 수 있다. 그러나 오프라인 사무 공간이 완전히 사라지지는 않을 것이다. 아무리 메타버스가 발전해도 오프라인 공간만이 줄 수 있는 경험과 에너지가 있기 때문이다. 특히 화상회의를 하면 보디랭귀지로 파악할 수 있는 정보가 일부 차단되어 있어, 일의 맥락을 파악하기가 어렵다. 많은 이가 화상회의의 피로를 호소하는 이유다. 말이나 표정 정도의 제한된 정보로 소통을 하다 보니 쉽게 지치고, 서로 연결된다는 느낌도 거의 없다.

정신과 의사 에드워드 할로웰Edward Hallowell은 동료의 책상에서 잠깐 대화를 나누는 행동이 휴먼 모먼트human moment로 이어진다고 말했다. 휴먼 모먼트는 사람들이 서로 공감하고, 정서적 유대를 형성하고, 발화한 내용을 보완하는 비언어적 신호를 읽을 수 있게 한다. 반면 비대면 소통은 이런 휴먼 모먼트가 부족해 심리적 거리감을 느끼게 한다. 비대면 업무 환경에서는 조직 문화 담당자가 의도적으로 이런 휴먼 모먼트를 늘려야 한다. 직원들끼리 연결되고 있다는 느낌을 통해 협업을 매끄럽게 하고, 소속감을 부여해야 한다.

또 우리 사회가 그동안 정의한 업무 공간의 범위를 사무실은 물론 여러 공간으로 확장해야 한다. 이런 공간에서 기업의 문화를 직원들이 어떻게 경험하게 할지 끊임없이 고민하고 시도해야 한다. 앞으로 조직 문화 담당자에게는 공간에서 구현할 수 있는 다양한 직원들의 경험을 기업의 일 문화와 연결하는 일이 과제가 될 것이다.

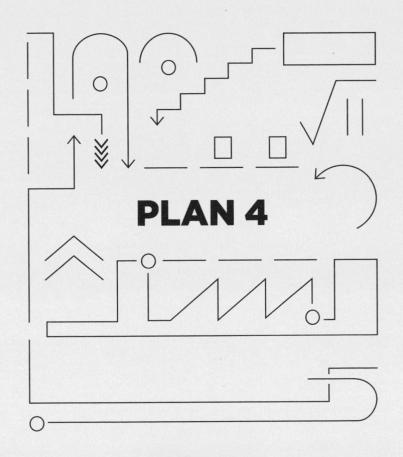

PLAN 4

일터를
완성하다

: 100-1=0, 비효율적이어도 반드시 지켜야 할 것

태도가
전부다

직장 만족도에 가장 큰 영향을 주는 요인은 '동료'가 아닐까. 일하기 좋은 회사의 기준은 주관적이지만 그런 곳에는 대개 멋지고 배울 점이 많은 동료들이 있다. 이 책의 마지막은 일 문화의 핵심, 함께 일하고 싶은 사람이 되는 '태도'에 대해 말하려고 한다.

우아한형제들에서 일 문화를 만들다 보면 '현타(현실 자각 타임)'를 한 번씩 맞곤 한다. 피플실의 일은 다른 기업의 일반적인 일과 조금 다르다. 책임자가 없는 일을 찾아서 하거나 때로는 비효율적이라 여기는 일도 우아한형제들의 가치를 위해서 반드시 해야만 할 때가 있다. 그러다 보니 가끔은 '이게 맞나?' '이렇게 해도 되나?' 하고 망설이는 순간이 생긴다. 정해진 업무 외에도 일하기 좋은 문화를 위해서라면 두 팔 걷고 나서야 하는 자질구레한 비공식 업무가 많은 탓이다. 나는 그런 일들을 하는 것을 '업무 굴착기'라고 표현한다. 일하기 좋은 문화를 위한 또 다른 '일'을 발굴한다는 뜻이다. 피플실은 누가 떠밀지 않아도 주체적으로 일한다.

'스스로를 태우는 사람이 되어라.'

'경영의 신'이라고 불리는 이나모리 가즈오의 《왜 일하는가》에 나오는 문장이다. 저자는 어떤 일이든 그 일을 성공시키려면 스스로 활활 타올라야 한다고 말한다.

물질은 불에 가까이 대면 타는 가연성 물질, 불에 가까이 대도 타지 않는 불연성 물질, 스스로도 잘 타는 자연성 물질이 있다. 사람도 마찬가지다. 가연성 인간은 주변 사람들의 영향을 받아야만 행동하고, 불연성 인간은 좀처럼 불타지 않을 뿐 아니라 다른 사람의 불씨까지 꺼뜨려버린다. 이에 반해 자연성 인간은 스스로 행동으로 옮긴다.
— 이나모리 가즈오, 《왜 일하는가》

스스로 타오르기 위해서는 그 일을 해야 하는 이유를 분명히 알고 자신이 하는 일을 더없이 좋아해야 하며, 그 일로 이루고자 하는 목표가 확고해야 한다. 시키는 대로만 일하는 것이 아니라, 필요한 일을 발견하고 함께 시너지를 낼 수 있는 사람을 끌어모으며 일을 추진해야 '내가 이 일을 지금 왜 하고 있지?' 하는 의문이 들지 않는다.

피플실에서는 앞서 소개한 와우 타임이라는 랜선 잡담 콘텐츠를 운영한다. 재택근무로 떨어져 있지만 구성원들끼리 자연스럽게 유대감을 쌓고 건강한 관계를 만들기 위한 시간이다. 노트북을 앞에 둔 채 밝은 분위기를 유도하면서 구성원들이 사전에 제출한 정보로 만든 퀴즈를 내고 있노라면, 내가 예능인인지 직장인인지 구분이 안 될 때가 있다. 내가 이런 회의감을 느끼는데, 팀원들은 더 그렇지 않을까?

하지만 생각을 조금만 바꾸면 내가 하는 일의 의미가 완전히 달라진다. 길가에 핀 들꽃을 그저 잡초라 생각하면 무심히 즈려 밟아도 이상하지 않은 식물이지만, 이름을 지어 부르는 순간 의미가 생기고, 오래도록 보고 싶은 꽃이 된다. 일도 마찬가지다. 단순히 누군가를 즐겁게 하는 게 아니라, 퍼실리테이터facilitator(구성원들 사이의 소통을 원활하게 해서 회의를 이끄는 사람)로서 구성원 간의 유대감을 만들어 협업을 잘할 수 있게 돕는다고 생각하면, 예능인이 아니라 일 문화 전문가로서의 태도가 생긴다.

어떤 사람은 비범한 일도 평범하게 만드는데, 어떤 사람은 평범한 일도 비범하게 만든다. 일 자체가 평범하거나 비범하다고 여겨서는 안 된다. 일하는 태도가 평범과 비범을 나눈다. 평범한 일을 비범하게 만드는 것은 남을 위한 것이 아니라 자신의 가치를 높이는 것이다.

— 신수정, 《일의 격》

그 태도로 보면 일에 필요한 디테일한 경험을 더 기획해 볼 수도 있다. 나의 일을 어떻게 정의하느냐에 따라 회사 생활이 무기력하거나 보람찰 수 있다. 일에 대한 태도가 달라지는 것이다.

나는 어떻게 일하는 사람인가

팀원을 채용하는 면접을 볼 때 피플실이 중요하게 던지는 질문이 있다. 단순한 업무가 반복될 때 이 일을 어떤 마음가짐으로 할지 묻는 것이다. 피플실에서 일하고 싶다는 사람들 중에는 우리가 구성원들의 행복을 위해 일하기 때문에 뭔가 재미있고 대단한 것만 한다는 착각을 하는 경우가 있다. 그러나 모두의 기쁨을 위한 일을 하다 보면 누군가는 꺼리는 일도 해야 한다. 또 꾸준하게 행복을 주려면 단순 반복하는 업무도 거쳐야 한다. 그럴 때 마음이 흔들리기 쉽기 때문에, 팀원을 채용할 때 '평범한 일도 비범하게 만드는' 태도를 지닌 사람인지 아닌지 보려고 노력한다. 피플실은 단순한 업무에도 자신만의 방법을 찾아 조금씩 좋은 경험을 더하며 그 분야의 달인이 될 사람을 기다린다.

매번 내리는 똑같은 공지에도 상대방의 반응을 살피며 조금씩 변화를 주는 구성원들이 있다. 예를 들면 신규 입사자를 고려하여 콘텐츠의 히스토리를 알 수 있는 링크를 연결해 이해를 돕거나, 해마다 비슷하게 진행된 캠페인의 결과를 이번에는 다르게 공유하면서 구성원들의 관심을 이끌어내는 것이다. 불편한 점을 불평만 하지 않고 개선점을 찾아내는 구성원도 있다.

매번 새로운 프로젝트를 담당하지 않는 이상 익숙한 일을 반복하다 보면 무료함에 지치기도 한다. 그런 고비가 찾아올 때마다 내 일의 의미를 되새긴다. 이 일을 함으로써 어떤 경험을 만들 수 있는지 생각하면 다시 에너지가 생기곤 한다. 동기부여가 되지 않는 업무는 조금 더 세심하게 들여다보며 스스로 기운을 낼 방법을 찾는 것이 필요하다.

비효율적이라 느끼는 일은 물론 정리해야 한다. 그런데 그 정리가 업무의 종류나 방식을 바꾸는 것만을 의미하는 것은 아니다. 나는 왜 이 일을 하는가를 점검하는 것도 중요한 정리다. 멋지고 겉만 번지르를한 일만 추구하기보다는 궁극적으로 내가 어떤 일을 하는지에 집중하면 조금씩 성장하는 나를 만날 수 있다. 업의 의미를 발견하고 나의 일을 사랑하는 것이 '프로일잘러'의 시작이 아닐까.

많은 이가 일의 의미를 리더나 기업이 내려줘야 한다고 생각한다. 엄밀히 따지면 기업의 비전이지 나의 비전은 아니지 않은가. 그러나 부모가 내 미래를 책임지지 못하듯 아무리 좋은 기업이어도 내 마음의 '현타'까지 해결해줄 수는 없다는 걸 알아야 한다. 누군가가 의미를 부여해주길 기다리기 전에, 그 일을 해내야 하는 바로 자기 자신이 스스로 경험치를 쌓아가며 성장하고 비전을 세워야 한다.

타인으로부터 시작된 동기부여는 가짜다. 내가 나의 일을 정의하고 의미를 부여할 때 진짜 일이 시작된다. 일의 종류와 범위가 비슷해도 경쟁력 있는 사람들은 결국 일의 태도가 다르다. 주변의 훌륭한 동료들을 보면 누군가는 하찮게 생각하는 일도 그 일이 미치는 영향을 생각하며 꾸준히 최선을 다한다. "뭘 그렇게까지 하는 거야?"라고 물어도, "이렇게까지 해야 하는 일이야"라고 대답하며 타협하는 법이 없다.

내가 면접관이 되어 만난 모든 지원자가 자신은 프로젝트에 최선을 다했고, 팀에서 일을 잘한다는 이야기를 듣는다고 어필한다. 그중 유독 일에 진심인 사람을 발견할 때가 있다. 일에 대한 태도에서 진정성이 느껴지는 사람, 사소한 것을 사소하지 않게 다루며 좋은 결과를 만든 과거의 자신에 대해 말하는 사람에게서는 빛이 난다. 그것이 바로 경쟁력이다.

우아한형제들에서 계단을 오르다 문득 시선을 돌리면 '인사받고 싶으면 먼저 인사하자'라는 문구를 보게 된다. 속뜻은 내가 원하는 것을 상대가 먼저 해주기를 바라지 말고 스스로 앞장서자는 것이다. 밝은 분위기의 팀이 되길 바라면서 정작 나는 기분이 태도가 되어 감정이 오르락내리락하지는 않은지, 늘 배우는 팀이 되기를 바라면서 나는 아무것도 공부하지 않는 건 아닌지 되돌아봐야 한다.

하고 싶은 놀이가 마음대로 안 되어 짜증을 내는 딸에게 "좀 예쁘게 말하면 안 되니?"라고 다그친 적이 있다. 그러자 딸이 "엄마도 예쁘게 말해주세요"라며 눈물을 뚝뚝 흘렸다. 나부터 전혀 다정하지 않은 말투로 딸에게 예쁜 말을 강요했으니 할 말이 없었다. 남에게 무언가를 바라는 건 참 쉽다. 그러나 정말 상대에게 바라기 전에 나부터 솔선수범해야 한다. 많은 리더가 자신은 그러지 않으면서 팀원들에게 높은 기준과 요구 사항을 제시한다. 그러다 보니 팀원들 입장에서는 거부감이 들 수밖에 없다.

기업이 성과를 내려면 올바른 목표를 설정하는 것도 중요하지만, 그 과정에 투입되는 사람들이 함께 시너지를 내는 것이 먼저다. 그러려면 "네가 먼저 잘 좀 해봐" 하고 요구할 게 아니라 '내가 먼저' 하는 태도를 지녀야 한다. 고객 서비스를 진정성 있게 해주길 바란다면 먼저 그 서비스를 만드는 사람을 존중해야 하고, 업무를 공유해주길 바란다면 나부터 공유해야 하는 것이다. 자신은 행동하지 않으면서 상대가 알아채주길 원하고, 말로만 상대에게 바라다가는 '말로만씨'가 될지 모른다. 서로 경험이 차이 나는데 상대를 나와 동일하게 보고 내가 원하는 대로 혹은 나처럼 행동하기를 바라면 안 되지 않을까.

사실 이보다 더 중요하고 내가 먼저 갖춰야 하는 것은 동료들에 대한 '믿음'과 '관심'이다. 우아한형제들의 장인성 CBO도 이 두 가지를 매력 있는 동료가 갖춰야 할 조건으로 꼽는다.

저는 매력 있는 동료의 조건으로 '믿음'과 '관심'을 꼽습니다. 사람은 나를 믿어주는 사람을 믿어요. 내가 먼저 대뜸 믿습니다. 믿을 만하지 않아도 믿습니다. 그리고 좋아합니다. 나를 좋아하는 사람은 어쩐지 나도 좋아하게 되잖아요. 함께 일하는 사람을 저는 좋아합니다. 좋아하는 것까지 일이라고 생각하고 좋아해요. 좋아하기 정말 어려운 사람도 가끔 있지만요. 그 사람이 좋아하는 것을 궁금해 하고, 하려는 일에 관심을 가지려고 노력합니다. 사실 타고난 성격상 잘 못하는데 노력하고 있어요. 고민이 있을 때, 도움이 필요할 때 쉽게 말할 수 있도록, 기왕이면 말하기 전에 먼저 알아채고 먼저 손을 내밀 수 있도록.

— 장인성,《마케터의 일》

내가 먼저 믿지 않고 좋아한다는 것을 표현하지 않는데 남이 그래 주길 바라는 것만큼 이기적인 것은 없다. 계속 함께하고 싶은 동료가 되고 싶다면, 그런 동료를 만나고 싶다면, 내가 먼저 그 사람을 믿고 신뢰의 시그널을 보여주는 것이 중요하다. 상대가 무엇을 좋아하는지, 어떨 때 힘들어하는지를 살피며 먼저 다가가는 노력도 필요할 것이다, 아무것도 하지 않으면 팀에, 관계에 아무런 변화도 일어나지 않는다.

앞서 우아한인재상에 대해서 소개했다. 이 상은 가장 퍼포먼스가 뛰어난 사람에게 수여하는 것이 아니라, 함께 일하는 과정에서 우아한형제들의 핵심 가치를 잘 지키며 주위에 선한 영향력을 발휘한 이들에게 동료들이 직접 선정하고, 감사를 표하는 상이다. 그렇기 때문에 상을 받거나 추천하는 사람들 모두에게 의미가 있다. 수상 사유를 들여다보면 한 가지 공통점을 발견한다.

"늘 함께하고 싶은 동료입니다."

"일이 되도록 합니다."

"협업과 배려를 잘합니다."

결국 일에 대한 태도다.

〈유 퀴즈 온 더 블록〉에 전 제일기획 부사장이자 현재는
서점을 운영하는 최인아 대표가 나와서 한 말이 오랫동안 기
억에 남는다.

직장은 운동으로 치면 개인 경기가 아니라 팀 스포츠예요. 팀
워크가 굉장히 중요하죠. "이 친구가 일은 참 잘하는데 다른
사람들이랑은 계속 불화야" 이런 경우가 제일 고민이에요. 제
가 오래도록 일을 하면서 배우고 알아차린 게 '태도가 경쟁력'
이에요. 각자 나름의 소양과 재능을 지녔지만 재능을 꽃피우
는 건 태도예요. 씨앗을 심는다고 모든 씨앗이 꽃을 피우고 열
매를 맺는 것도 아니구나. 그러면 그 씨앗이 예쁜 꽃을 피우고
열매를 맺게 하는 힘이 태도인 것 같아요. 그 태도가 여러 사람
과 같이 일할 때 정말 중요한 것이라고 생각해요.

— 최인아

치열한 경쟁을 뚫고 입사한 대부분의 사람들이 일은 잘 한다. 그러나 좋은 동료와 그렇지 못한 동료의 차이는 결국 태도에서 나온다.

오늘 나는 어떤 태도로 동료들을 만났을까.

일하는 사람들의
팀플레이

KT의 신수정 부사장은 《일의 격》에서 리더의 성공 비결은 감춰진 보석 같은 누군가를 발견하는 것이라고 했다. 너도 나도 일하고 싶은 기업이 되려면 유능한 직원이 많아야 한다. 내가 채용 인터뷰에서 면접자들에게 왜 우아한형제들을 다니고 싶은지 물어보면, 대부분이 "훌륭한 개발자가 많아서 꼭 같이 성장하며 일을 해보고 싶다"라고 답한다. 물론 면접 자리이니 기업에 안 좋은 이야기는 하지 않을 테지만, 우아한형제들의 일 문화와 능력 있는 개발자를 이유로 들면 나의 자부심도 높아진다. 한편으로는 나 역시 누군가 '피플실과 같이 일하고 싶어서' 이 기업에 지원했다는 말을 듣도록 더 노력해야겠다고 다짐한다.

일을 잘하는 것은 물론이지만, 우아한형제들, 피플실과 결이 맞는 것이 매우 중요하기 때문에 내가 면접 자리에서 던지는 몇 가지 질문이 있다.

"동료들(친구들)은 지원자를 뭐라고 부르나요? 별명 같은 것
이 있다면요?"
"세 시간 동안 쉬지 않고 떠들 수 있는, 지원자만의 관심 분
야나 주제가 있나요?"
"요즘 몰두하고 있는 일은 무엇인가요?"
"일할 때 본인만의 '디테일'은 어떤 것일까요?"
"누가 시키지 않아도 밤새 즐겁게 할 수 있는 일이 있나요?"

컬처커뮤니케이션팀의 조직 문화 콘텐츠 기획자를 채용
하는 면접에서 인상 깊은 답변을 한 지원자가 있었다. 본인만
신경 쓰는 일의 디테일에 대한 질문이었는데, 답변을 듣고 그
와 함께 일하고 싶다고 생각했다. 그는 디테일이란 메시지를
접하는 사람, 콘텐츠를 경험하는 사람을 신경 쓰는 것이라고
했다. 그가 전 직장에 다닐 때 행사운영팀이 이벤트 홀에 '대
관 중 출입 불가'라고 쓴 카드를 붙였다. 그걸 본 그는 이 메시
지를 받은 사람의 관점에서 고민했고, 이 메시지가 불쾌하지
않도록 다음과 같이 수정을 제안했다. "지금 ○○사의 소중한
프레젠테이션이 진행 중입니다." 이런 디테일한 한 끗 차이가
누군가의 경험을 좌우한다는 그의 말에서 일을 대하는 태도

를 알 수 있었다. 지금도 그와 일하며, 구성원 관점에서 좋은 방법을 찾으려 노력하는 그만의 디테일에 매번 감동한다.

제한된 시간에 기업과 지원자가 서로를 아는 건 매우 어렵다. 그래서 지원자가 어떤 가치관을 지녔는지, 어떤 하루를 보내는지 알 수 있는 질문을 통해 우리와 결이 맞는 사람인지 추측하게 된다. 일의 성과를 그럴듯하게 꾸며내기는 쉬워도, 자신의 모습을 그럴듯하게 포장하는 것은 부자연스럽기 마련이다. 나는 평소에 자신을 많이 고민하고 들여다본 사람만이 진짜 자기 이야기를 할 수 있다고 믿는다.

빛나는 동료를 발견하는 법

그럼 팀에서는 어떻게 좋은 동료를 발견할 수 있을까? 특정 분야에서 전문가로 인정받은 이들은 이미 성과로 존재가 드러난다. 거기다 커뮤니케이션까지 훌륭하면 더욱 환영받는다. 그러나 우리는 아직 자신에게 맞는 기회를 만나지 못해 재능이 드러나지 않았거나, 하고 있는 일을 어떻게 내보여야 할지 몰라 감춰진 이들을 발견해야 한다. 그런데 더 중요한 것은 조직에 긍정적인 시그널을 구석구석 전달하는 분위기 메이커를 찾는 일이다. 높은 퍼포먼스로 조직에 긍정적인 영향을 주는 사람만큼, 분위기를 따뜻하게 만드는 사람이 있는지 여부에 따라 조직의 단결력이 달라진다. 일 잘하는 조직에는 '굿 퍼포먼서'는 물론 '굿 분위기 메이커'가 있어야 한다.

리더가 이런 조력자 역할을 잘하려면 어떻게 해야 할까? 작은 성공 경험들이 없어서 주눅 든 직원이 있다면 기획부터 실행까지 직접 해볼 수 있는 쉬운 미션을 주고, 성취감을 느끼게 해 자신감을 북돋는 것이 방법이다. 그렇게 되면 그 직원은 작은 성공 경험을 토대로 큰 프로젝트를 시도할 수 있게 된다. 슬럼프에 빠졌거나, 일에 흥미를 못 느끼는 직원이 있다면 도전 정신을 불러일으키는 미션을 주는 게 방법이다. 일에 새로움을 환기하면서 그가 스스로 벽을 깨고 나오게 도와주는 것이다. 리더는 또한 '지지자'를 발견해야 한다. 의사 결정을 확고하게 내리려면 그 결정을 지지해주는 직원이 있어야 한다. 앞서 팀의 유대 관계가 튼튼해야 강한 팀이 될 수 있다고 말했는데, 이런 지지자들이 팀원들을 응원하고 관계를 돈독하게 만드는 존재다.

나는 우아한형제들의 일 문화를 구성원들에게 잘 전달해줄 수 있는 조력자를 발견하기 위해 부지런히 노력하고 있다. 특히 전사 행사 같은 프로젝트를 할 때 이런 조력자들을 섭외하려고 한다. 기업에서 "우리 이렇게 일하자"라고 설득하는 것보다, 직원이 직접 "이게 바로 우리 문화입니다"라고 말하는 것이 더 강력하기 때문이다. 이런 조력자들이 대개 기업의 문화를 잘 이해하고, 기업이 추구하는 핵심 가치를 잘 실천해줄 수 있는 자발적 문화 전파자가 된다. 그래서 나는 일부러 우아한형제들의 이벤트나 메시지 채널에서 적극적으로 반응하는 구성원, 사소한 것이라도 아낌없이 제안하는 구성들을 기억한다. 조직의 분위기는 전염성이 강하다. 조직 문화 담당자들은 선한 에너지를 퍼뜨리는 동료를 눈여겨봐야 한다. 그러나 실은 나부터 그런 조력자인지 살피는 게 먼저다.

'때문에'가 아니라 '덕분에'

〈스트리트 우먼 파이터〉에 나온 댄스 크루 훅은 경쟁 크루들로부터 "아이키 말고는 안 보인다"는 식의 지적을 받았다. 그러자 분홍색 염색 머리가 트레이드마크였던 리더 아이키는 크루원들의 머리에 분홍색 가발을 씌워 누가 리더이고 팀원인지 '보이지 않게' 했다. 그날 훅은 리더에 가려져 있던 크루원들의 실력을 드러낼 뿐만 아니라, 팀워크까지 발휘한 멋진 무대를 펼쳤다. 크루원들의 기량이 약하다는 지적을 통쾌하게 되받아친 무대였다.

기업은 '평범한 사람들이 모여서 비범한 성과를 내는' 곳이다. 잘난 사람 한 명이 모든 일을 해내는 기업은 없다. 각자 다른 강점을 지닌 사람들이 모여서 시너지를 낼 뿐이다. 그 분야의 전문가라 해도 함께 목표를 향해 달려가는 동료가 없다면 절대로 성과를 낼 수 없다. 때로는 그런 사실을 간과하고 '내가 잘해서 된 거야'라고 착각하기도 한다. 그러나 자신이 제일 대단하다고 생각하는 순간 팀워크는 깨진다.

그래서 감사의 마음을 자주 표현하고 '덕분에'라는 말을 많이 나누는 습관이 일 문화로 자리 잡히게 하는 게 중요하다. 실제로 한 사람의 뛰어난 실력 때문에 일이 잘되었더라도 이런 문화가 있다면, 자신이 잘한 이유 외에 동료 덕분에 가능했던 점을 자연스럽게 생각하게 된다. 스타라는 소수에 의존하는 기업에서는 그렇지 못한 직원들이 일에 희망을 갖지 않고, 노력도 하지 않는다. '내가 중요한 게 아니라 저 사람이 중요하고, 저 사람 혼자 잘나서 다 한 건데 내가 뭐 하러 더 노력해?' 하는 마음에 자기 성장까지 멈추고 만다.

하지만 한 사람, 한 사람의 존재가 중요하고 다 함께 머리를 맞대는 문화를 지닌 조직에는 난관에 부딪혀도 함께 극복하고, 그것을 모두의 성공으로 이끄는 힘이 있다. 이기심보다는 합심이 먼저 발동되기 때문이다. 스타 같은 존재가 필요 없다는 것은 아니다. 그러나 좋은 본보기가 되는 리더가 먼저 존재해야 한다. 리더는 팀이 함께 빛나게 한다. 단단한 팀워크로 성과를 잘 내는 조직이 되기를 바란다면, 기업은 리더들의 리더십을 키우는 데 자원을 아끼지 않아야 한다. 좋은 리더십의 본보기가 되는 리더들의 이야기를 기업 내에 많이 공유하고, 우리답게 일 잘하는 문화를 만들기 위한 고민을 리더들이 함께하도록 해야 한다. 리더는 일에 우리다운 문화를 더해, 팀을 이끄는 사람이다.

단결된 팀의 네 가지 특징

인적자원의 중요성을 밝힌 책 《피플웨어》에서는 단결된 팀에는 네 가지 특징이 있다고 말한다. 첫 번째 명확히 정의된 업무, 두 번째 뚜렷한 정체성, 세 번째 엘리트 의식, 네 번째 명백한 즐거움이다. 팀이 성과를 내려면 리더는 우리가 어떤 목표를 달성해야 하는지 팀원들이 공통으로 인지하게 하고, 그것을 명확히 정의된 업무로 보여줘야 한다. 또 팀 전체가 스타가 될 수 있는 강한 정체성과 엘리트 의식을 심어줘야 한다. 이런 의식은 "우리 팀이 함께 도전하면 못해낼 것이 없다!" 하는 자신감이기도 하다. 그런데 팀워크가 단단하려면 협업이 즐거워야 한다.

내가 컬처커뮤니케이션팀을 운영하고 우아한형제들의

일 문화를 가꿔나가면서 가장 중요하게 여기는 감정이 웃음과 위트다. 성과를 내기 위해 필요한 여러 자원 중에는 '정서적 자원'도 포함되기 때문이다. 그러나 대부분의 기업에서 일할 때 이런 감정들은 거의 고려되지 않는다. 하지만 이런 정서적 자원은 직원들의 생각과 행동에 긍정적인 영향을 미쳐 궁극적으로는 일이 잘되게 만드는 필수 요소다. 아무리 좋은 지원이 뒷받침되어도 팀의 분위기가 안 좋으면 끝이다. 팀(원)들이 함께 결과를 만들어내는 조직이라면 그 과정에 동료들과의 케미스트리, 정서적 교감이 매우 중요하다.

팀워크를 잘 발휘하는 문화를 만들기 위해서는 먼저 '동료와' 일하고 싶은 마음을 만들어야 한다. 특히 비대면 업무 환경에서는 직접 만나서 쌓을 수 있는 유대감을 형성하기 어렵기 때문에 같이 일하는 팀원들이 어떤 동료인지 알려주는 힌트가 많아야 한다. 나는 김신지 작가가 쓴 《기록하기로 했습니다》에서 '매달 나만의 베스트를 가려보기'라는 제목의 이야기를 읽고 이런 기록을 팀에 적용하면 팀워크를 향상시킬 수 있지 않을까 생각했다.

그렇게 시작한 것이 바로 '데일리 업무 기록'이다. 여기에는 한 달 동안 자신에게 영감을 준 콘텐츠처럼 일에 도움이 되는 것부터 '이달의 음식' '이달의 공간' '이달의 즐거운 순간'처럼 일과는 관련이 별로 없는 개인의 일상까지 올린다. 이런 데일리 업무 기록을 통해 팀원들끼리 물리적으로 떨어져 있어도, 서로 어떻게 한 달을 지냈는지 알아보면서 함께 있는 듯한 느낌을 받게 된다. 데일리 업무 기록은 각자 일을 하고 있는지 확인하는 '감시'가 아니라 일의 진행 과정의 확인, 도움이 필요한 것에 대한 '지원'에 초점이 맞춰져 있다.

해마다 한 해가 저무는 모습을 보며 올해는 한 게 아무것도 없다, 아쉽다 말하지만 기록해둔 시간을 가만히 돌아보는 순간 우리는 알게 됩니다. 생각보다 좋았던 일도 많았다는 것을요. 이 순간들을 징검다리처럼 밟으며 한 해의 끝에 무사히 다다랐다는 사실을요.

— 김신지, 《기록하기로 했습니다》

일을 잘하는 데 이런 게 중요한가 의문이 들 수도 있지만, 이런 일상을 나누면서 친밀감이 쌓이고, 이를 기반으로 동료에 대한 애정과 이해가 탄탄해지면 어려운 일도 의외로 쉽게 해결할 수 있게 된다. 일하기 위해 모인 조직이지만, 그 일을 하는 것은 결국 '사람'이라는 사실을 잊지 말아야 한다. 우아한형제들에서는 이런 기억이 서로를 연결시키는 힘이다.

일하기 좋은 기업 문화 전에, 일하기 좋은 '팀' 문화가 먼저다. 기업에서 중요하게 여기는 핵심 가치, 일하는 방법과 맞

기록으로 유대감을 쌓다

10월_우리들🐥

10월도 잘 부탁해요 랭!

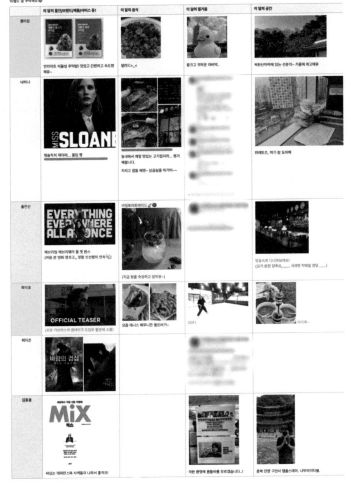

닿아 있는 우리 팀만의 문화 혹은 루틴이 있는지 살펴보자. 그리고 여기서 추천한 것처럼 '이달의 ○○'을 서로 나누는 순간을 하나씩 만들어가다 보면 스타보다는 팀워크로 끈끈하게 연결되는 팀이 될 수 있을 것이다.

일 잘하는 회사를 만드는 기록의 힘

이번에는 기록에 관한 이야기를 해볼까 한다. 전 배달의 민족 마케터이자 《기록의 쓸모》를 쓴 이승희 작가는 기록으로 경험을 찾고, 경험으로 쓸모를 만들어간다고 했다. 나는 회사에서 이루어지는 기록은 일을 구성원들과 공유함으로써 일의 쓸모를 만드는 것이라고 생각한다. 일하기 좋은 동료가 되기 위해서 기록과 공유는 필수다.

일 잘하는 사람들은 공유를 정말 잘한다. 회의를 했다면 회의록을 공유하고, 어떤 일이 진행되고 있다면 진행 상황을 팀원들과 공유하자. 그리고 모든 일은 기록되어야 하며 남겨져야 한다고 생각하고 메일을 쓰자. 일의 진행 상황에 대한 공유와 기록은 넘치게 해도 좋다고 생각한다.

— 이승희, 《기록의 쓸모》

일의 과정을 글로 남겨두지 않으면 회사에 내가 없을 때 누군가 (특정 시점의) 일을 물었을 때 답해줄 사람이 아무도 없다. 일의 히스토리가 나와 함께 사라지는 것이다. 혼자만 정보를 가지고 다른 사람들은 기억에만 의존하게 만드는 것은 회사원으로서, 동료로서 직무 유기다. 예를 들어 "이 제도를 왜 시행한다고 했지?"라고 누군가 물었을 때 기록이 없다면 대충 생각해서 잘못된 정보를 전달하게 된다. 또 어떤 프로젝트를 진행했을 때 왜 그런 의사 결정을 거쳤는지 설명이 없으면 중간에 합류한 사람이 업무를 파악하는 데 너무 많은 시간과 노력을 들이게 된다.

기록을 남기고 나누는 일은 무엇보다 '다음 사람을 위해서' 반드시 해야 하는 일이다. 컨플루언스Confluence(공동 작성 및 관리가 가능한 협업 소프트웨어)에 접속하면 다른 사람들이 얼마나 열심히 일을 기록하고 공유하는지 알 수 있다. 기록과 공유를 잘하는 조직은 일의 배경과 목표, 진행 과정에서 발생한 이슈도 상세히 남긴다. 우아한형제들은 다른 기업들과 달리 일할 때 느끼는 감정까지 기록한다. 프로젝트를 회고하며 좋았던 점, 아쉬웠던 점, 배운 점을 쓰는 것에 그치지 않고 그때의 감정을 함께 나누면서 일하는 '사람'으로서 서로에게 더 공감할 수 있다.

기록을 소홀히 할수록 업무를 통해 쌓인 지식과 노하우

는 휘발되고 만다. 일하기 위해 모인 조직에서 일의 기록과 공유는 의무다. 목표를 달성하는 과정이 조직의 자산으로 남기 위해서는 부지런히 히스토리를 남겨야 한다. 평소에 간단하게 기록만 해도 인사이동이 있거나 담당자가 바뀌었을 때 인수인계에 문제가 없다.

쓸수록 성장한다

그런데 이런 기록이 비단 타인을 위한 것만은 아니다. 기록하며 가장 성장하는 것은 바로 자기 자신이다. 진정한 '일잘러'는 자신의 기록을 동료들과 공유하면서도 자신만의 차별성과 새로운 비결을 창조한다. 이런 사람들은 일을 기록하면서 이 일을 왜하게 되었는지 한 번 더 생각하고, 그 과정과 결과를 회고하면서 미래의 개선점까지 찾아낸다.

피플실에 합류한 뒤 내가 경험하지 못한 일의 히스토리를 파악하느라 애를 먹었다. 우아한형제들의 일 문화를 다른 구성원들에게 설명하고 전파해야 하는데, 구두로만 히스토리를 전달받은 탓에 제 역할을 하기가 곤란했다. 이런 점을 극복하기 위해 나는 대표와 팀장이 하는 모든 말을 글로 적었다. 때로는 녹음도 했다. 우아한형제들에서 구성원들에게 보내는 메시지가 내가 합류한 전후로 차이가 나면 안 된다고 생각했기 때문이다. 부지런히 쓰는 것밖에는 답이 없었다. 이런 습관은 피플실이 생긴 이유, 그동안 해온 일, 그 일을 하는 이유 등을 차곡차곡 쓰는 것으로 이어졌다.

내가 입사하기 전의 공백은 구성원들의 인터뷰로 채우고, 피플실이 해온 업무는 흩어진 기록을 찾으면서 메꿔나갔다. 비록 제대로 완성하지는 못했지만 그때의 기록이 바탕이 되어 지금 하는 일들을 좀 더 명료하게 해나갈 수 있다. 그 기록이 이 책을 쓰는 힘이 되기도 했다. 나는 기록의 힘이 내가 커뮤니케이션 전문가로 성장하도록 해주는 원동력이라고 생각한다.

차츰 새로운 팀을 맡게 되고, 처음 해보는 프로젝트를 운영하면서 이제는 팀원들과의 공동 기록에도 신경 쓴다. 기획자가 아니더라도 이 일을 지원할 수 있게 업무의 진행 과정을 상세하게 남겨두기로 했다. 기록하고 공유하는 문화가 잘 자리 잡힌 조직일수록 직원들이 서로 연결되어 있다고 느낀다. 예를 들어 A라는 프로젝트를 진행한 기록을 읽고 '이 동료는 이렇게 생각했구나' '이 문제를 이렇게 해결했네' 등 그 일을 했던 누군가를 한 번 더 생각하게 되면서, 눈에 보이지 않는 연대감을 만들기 때문이다.

피플실의 일 기록은 누군가에게 보여주기 위한 것이 아

니므로 예쁘고 보기 좋게 정리하지 않아도 괜찮다. 단지 중요한 정보 위주로 잘 남겨놓는 게 목표다. 피플실의 이런 기록과 공유 덕분에 다른 팀에서 같이 프로젝트를 할 때도 그동안 해온 일을 쉽게 진행할 수 있었다.

특히 재택근무로 서로 떨어져 업무를 하다 보면 오해가 생길 때가 있는데, 기록이 이런 오해를 막아 주기도 한다. 앞으로 일 잘하는 문화의 기준은 온라인으로도 업무가 잘 진행될 수 있도록 기록하고 공유하는 일이 될 것이다. 어쩌면 이 책도 좋은 일 문화를 만들고 싶은 다음 사람을 위한 기록일지도 모르겠다. 미래의 일터에 어떤 변화가 생기더라도 나와 다음 사람을 위하여 기록하고 공유하는 문화가 지속되어야 한다.

팀워크의 성공 법칙,
신뢰

동료에게 할 말을 망설이고 있다면

상대와 내가 서로 얼마큼 믿는지 '신뢰 정도'를 측정하는 나만의 지표가 있다. 바로 메신저로 말을 걸거나 대면할 때의 망설임을 살피는 일명 '망설임 지수'다. 특히 어려운 부탁이나 피드백을 해야 할 때 상대방에 대한 나의 망설임에 따라 그와의 신뢰가 어느 정도인지 가늠할 수 있다. 혹시 일에 관해 누군가에게 보낼 메시지를 수백 번 썼다 지웠다 반복한 적이 있는가? 곤란한 메시지일수록 그 망설임이 더 크지 않은가?

회사에서 유독 망설임 지수가 높은 구성원들을 떠올리면 컬처커뮤니케이션팀 팀장으로서 관계를 잘 맺고 있는지 고민하게 된다. 지금 이 사람이 하는 일이나 고민을 내가 잘 모르는 것은 아닌지, 혹은 내가 해결해줘야 하는 일이 있는데, 그러지 않아서 나의 마음에 부채가 쌓인 것은 아닌지 등을 살핀다. 또 상대에게 전하는 메시지에 나의 확신이 부족한 것은 아닌지 점검한다. 이 망설임 지수가 나와 상대의 관계를 진단할 때 도움이 된다. 누군가 내게 건네는 메시지가 적거나, 왠지 상대가 메시지를 썼다 지웠다 반복하는 듯한 느낌이 든다면, 내가 상대에게 너무 어려운 존재는 아닌지, 나에 대한 그의 망설임 지수가 너무 높은 건 아닌지 생각해보길 바란다.

특히 팀에서 함께 일하는 동료들 간의 망설임 지수가 높다면 우선 관계의 밀도를 다지는 시간이 필요하다. 일할 때 나누는 대화만으로는 이를 해결할 수 없다. 망설임 지수가 높으면 문제를 개선해야 할 때 서로 우물쭈물하다가 골든 타임을 놓치고 만다. 그러므로 일부러라도 일이 아닌 주제로 시시콜콜한 이야기를 자주 나눠야 한다. 그런 대화를 하다 보면 내가 알지 못한 그 사람의 'B면'을 알게 된다. 일할 때 잘 드러나지 않은 서로의 새로운 모습을 발견하고 유대감을 느끼면서 비즈니스 관계가 한층 더 부드러워진다. 그러면 망설임 지수가 점점 낮아져서 어려운 부탁도, 조금 더 잘해달라는 쓴소리도 덜 망설이고 솔직하게 할 수 있다.

회사는 회사일 뿐이라고 선을 긋는 사람들도 많다. 맞다. 여기는 회사고 우리는 가족도 친구도 아니다. 하지만 그들보다, 집에서보다 더 오랜 시간을 함께 보내는 사이인데, 그냥 회사에서 만난 사이일 뿐이라고 선을 긋기에는 아쉬움이 남는다. 인생 시계의 대부분의 시간을 보내는 곳이 회사이니 서로 아끼고 존중하며 일하는 것이 좋지 않을까.

처음 팀 세팅할 때 우리가 어떤 팀이 되면 좋을지 팀원들에게 물어봤다. 그때 팀원들이 한목소리로 "서로 눈치 보지 않고 의견을 많이 주고받으면 좋겠다"고 대답했다. 그때는 피드백을 하는 사람만 하고, 상대적으로 연차가 낮은 팀원은 주저하는 일이 잦았다. 피플실의 업무 특성상 피드백 과정을 많이 거치는데, 피드백은 리더가 팀원에게만 하는 것이라는 오해를 풀어야 한다고 생각했다. 피드백은 절대 일방적인 것이 아니다. 리더가 팀원에게만 한다면 그것은 조언이나 충고이지 피드백이 될 수 없다. 피드백은 팀의 의사소통 과정 중 하나로서 빈번하게 일어나야 한다. 피드백을 건강하게 잘 주고받기 위해서는 팀에 대한 신뢰를 먼저 다져야겠다고 생각했다.

그래서 리더인 나부터 공지를 작성하거나 콘텐츠를 기획할 때, 팀원들에게 먼저 피드백을 해달라고 한다. 회의할 때도 "더 좋은 생각 있을까요?" "이렇게 진행했을 때 혹시 우려되는 점은 없을까요?" 같은 질문을 던져 이 문제에 대해 모두가 피드백을 나눌 수 있는 환경을 만든다. 이런 과정을 수차례 거친 뒤에야 건강한 피드백을 많이, 편하게 주고받는 문화를 형성할 수 있었다.

"망해도 괜찮아요"

어떤 의견이든 말할 수 있는 팀 분위기, 두려움 없는 조직을 만들어야 한다. 에이미 에드먼드슨 교수는 연구를 통해 강력한 팀을 만드는 마지막 퍼즐 한 조각이 심리적 안정감임을 밝혀냈다. 심리적 안정감은 '구성원들이 조직에서 자유롭게 의사소통할 수 있는 분위기'를 뜻한다. 실수나 우려되는 점을 기꺼이 이야기하는 분위기가 조성되면 서로 의견을 많이 주고받을 수 있고 궁극적으로는 더 좋은 성과를 낼 수 있다. 이를 위해서는 우선 신뢰와 존중을 형성한 뒤 우리 조직은 건강하게 피드백을 나눌 수 있는 문화라는 인식을 주는 것이 중요하다.

그래서 리더는 자신도 실수할 수 있고 누구든 실패할 수 있음을 알려야 한다. 또 팀에서도 리스크 체크 시간을 반드시 가져서, 팀원들이 여러 의견을 숨기지 않고 낼 수 있도록 독려해야 한다. 괜찮다는 말은 누구나 쉽게 할 수 있다. 그런데 안 괜찮은데 괜찮다 말하는 것은 문제다. 책임을 지기 싫고 긁어 부스럼을 만들까 싶어 그냥 넘어가는 문화가 되어서는 안 된다. 이런 조직은 심리적 안정감이 매우 낮은 조직이다. 심리적 안정감이 높은 조직에서는 누구나 "이건 좀 아쉬운데요?" "이 점은 걱정이 됩니다"라고 스스럼없이 말할 수 있고, 그런 피드백을 포용한다. 조직은 물론 후자를 지향해야 한다.

전사 행사에 대한 아이디어를 구하고자 한명수 CCO와 티타임을 가진 적이 있다. 우리는 올림픽공원을 거닐며 이번 행사를 어떤 방향으로 끌고 가면 좋을지 수다를 떨었다. 그때 그가 해준 말이 정말 큰 힘이 됐다. "계속 잘해왔잖아요. 이번에는 망해도 돼요." 속으로 '망해도 된다고요?' 하며 어안이 벙벙했지만 그동안 잘했고, 한 번쯤은 실패해도 괜찮다는 그 말이 얼마나 위로가 되었는지 모른다. 늘 새로운 아이디어를 내야 하고, 최고의 만족을 이끌어내야 한다는 부담감이 정말 컸기 때문이다. 그런데 리더가 그런 말을 해주니 괜히 힘이 났다. 참 아이러니하지 않은가? 망해도 된다고는 했지만, 우리는 절대 망하지 않았다. 오히려 이렇게 하면 정말 망할 수도 있겠다 체크하며 안 망하는 길로 갔다.

피플실에는 리스크 체크라는 시간이 있다. 구체적인 기획 방향이 서면 팀원들이 먼저 자연스럽게 이야기한다. "리스크 체크해봅시다!" 우려되는 부분을 서로 솔직하게 이야기하면서 대안을 찾는 것이다. 그러다 보면 처음에 기획한 내용이 완전히 엎어지는 경우도 있다. 그러나 피플실은 그런 일이 벌어지더라도 피드백을 준 팀원을 비난하지 않는다. 오히려 의견을 말해줘서 고맙다고 한다. 그가 용기 내서 말하지 않았다면, 그대로 실행했다가 더 큰 화를 입을 수도 있기 때문이다.

만일 누군가의 리스크 체크가 받아들여지지 않을 때는 '느낌 적인 느낌'으로 거절 사유를 얼버무리는 게 아니라, 이유를 구체적으로 밝히는 거절 리뷰 시간을 가진다. 비난이 아닌 비판적 사고로 더 좋은 결과를 찾는 일 문화를 만드는 것이다.

피드백을 주고받다 보면 아쉬운 이야기를 나눌 수밖에 없다. 나도 사람인지라 내 의견에 쓴소리가 계속 나오는 것이 그리 달갑지 않다. 만약 팀원들 간의 신뢰가 없고 자유롭게 의견을 말할 수 있는 분위기라는 인식이 부족했다면, 이런 피드백 시간을 일을 잘하기 위한 과정이라고 생각하기 전에 서운함만 느꼈을 것이다. 그래서 조직에는 의견을 나누는 시간뿐 아니라 직원들끼리 신뢰를 쌓는 과정이 동반되어야 한다. 특히 후자는 꾸준함으로 완성되기 때문에 한번 소홀해지면 처음부터 다시 시작해야 한다.

피드백 과정이 너무 많은 것 같다는 의견에 대해서는 이 과정이 왜 우리 팀에 필요한지, 그 의미를 설득시켰다. 물론 불필요한 피드백 과정은 줄이는 것이 맞지만, 업무의 성격에 따라서 여러 번 점검해야 하는 일이 있다. 그럴 때는 우리가 그만큼 중요하고 영향력이 큰 일을 하고 있다는 것을 이해시켜야 한다. 일에 착수하기 전부터 이 프로젝트는 규모나 영향력이 크니 수시로 피드백을 나누자고 합의하는 것도 방법이다. 이런 합의 없이 누군가 피드백을 하면, 상대는 갑자기 치고 들어온 공격이라 생각할 수도 있으니까 말이다.

건강하게 피드백을 주고받기 위해서 리더들은 반드시 "제가 좀 더 개선해야 할 것은 없을까요?" "저에게 부탁하고 싶은 것은 없나요?" "제가 더 도울 일은 없을까요?" 하고 물어봐야 한다. 어쩔 수 없이 리더가 피드백의 대부분을 차지하기 때문에, 의도적으로라도 팀원들에게 역으로 질문하는 배려가 필요하다.

피드백은 문제를 해결하고 개선하는 '교정적 피드백'만 있는 게 아니다. 서로 잘하고 있다면 인정하고 박수 치는 '격려의 피드백'도 중요하다. 한국 사람들은 자신이 잘한 점을 말하거나 그에 대한 칭찬을 듣는 걸 굉장히 쑥스러워하는 경향이 있다. 하지만 함께 일하는 팀이라면 그냥 "좋아요" "잘했어요" 하고 단순하게 넘기는 게 아니라 어떤 점을 잘했고, 그 점이 어떤 영향을 주었는지 등 구체적으로 피드백하는 문화를 만들어야 한다. 그래야 직원들 스스로 자신이 팀과 성과에 미치는 힘을 실감하며 앞으로도 일을 잘하기 위해 움직이기 때문이다. 칭찬은 고래도 춤추게 한다는데, 인정과 존경까지 더하면 지금 하는 일이 좀 더 의미 있게 느껴지지 않을까?

서로 고민을 꺼내고 이야기 나누는 시간이 쌓이면 쌓일수록, 리더로서 팀원들에게 개선점을 피드백해야 할 때 망설임 지수가 낮아지는 것을 느꼈다. 업무의 리스크가 될 만한 요소나 현재 느끼는 불편함에 대해서도 망설임 없이 피드백을 주고받을 수 있는 조직은 더 단단해진다.

나도 누

≡가에게 회사다ㅣ

참고 자료

프롤로그 : 포스트 코로나 시대, 왜 일 문화에 주목하는가

〈[초대석] 한국어·재택근무·가족…영화 '소울'이 특별한 이유〉, 《이투데이》, 2021.2.6.

김규림·이승희, 《일놀놀일》, 웅진지식하우스, 2022, 5쪽.

〈평범한 개발자에서 기업 대표까지 – 우아한형제들 대표 김범준님 1편〉, 개발바닥, 2021.8.10., https://youtu.be/HUO1bI1X_dA

새로운 회사를 상상한 사람들

김난도 외 9인, 《트렌드 코리아 2023》, 미래의창, 2022, 170쪽.

유현준, 《공간의 미래》, 을유문화사, 2021, 152~153쪽.

통계청, 〈2019년 8월 경제활동인구조사 근로형태별 부가조사 결과〉, 2019.10.; 〈2021년 8월 경제활동인구조사 근로형태별 부가조사 결과〉, 2021.10.

김용섭, 《언컨택트》, 퍼블리온, 2020, 107쪽.

홍성태, 《배민다움》, 북스톤, 2016, 232~233쪽.

오비스 인사이트, 〈직장인 대상 설문조사 :재택근무 원격 커뮤니케이션, 어땠나요?〉, 2022.6., https://ovice.in/ko/blog_insight_10/

김지수, 《일터의 문장들》, 해냄, 2021, 58쪽.

일 문화는 '소나기 말고 가랑비처럼'

홍성태, 《배민다움》, 북스톤, 2016, 177쪽.

김성준, 《조직문화 통찰》, 클라우드나인, 2019, 55~56쪽.

백기복, 《조직행동연구》, 창민사, 2021, 520~521쪽.

수평적인 문화의 역설

〈유니콘〉 1화, 유병재 각본·김혜영 감독, 2022.8.26., 쿠팡플레이.

김성준, 《조직문화 통찰》, 클라우드나인, 2019, 163~167쪽.

앞의 책, 183쪽.

벤 호로위츠, 《최강의 조직》, 김정혜 옮김, 한국경제신문사, 2021, 87~88쪽.

앞의 책, 88쪽.

앞의 책, 287~288쪽.

요즘 직원들은 정말 관심을 싫어할까

홍성태, 《배민다움》, 북스톤, 2016, 265~266쪽.

이나모리 가즈오, 《왜 일하는가》, 김윤경 옮김, 다산북스, 2021, 102쪽.

데이비드 마이스터·찰스 그린, 《신뢰의 기술》, 정성묵 옮김, 해냄, 2009, 97쪽.

정지우, 《내가 잘못 산다고 말하는 세상에게》, 한겨레출판, 2022, 39쪽.

일하는 마음을 만드는 피플실

장인성, 《마케터의 일》, 북스톤, 2018, 36쪽.

김봉진, 《책 잘 읽는 방법》, 북스톤, 2018, 84쪽.

에드 캣멀·에이미 월러스, 《창의성을 지휘하라》, 윤태경 옮김, 와이즈베리, 2014, 428쪽.

두려움 없는 소통

톰 드마르코·티모시 리스터, 《피플웨어》, 박승범 옮김, 매일경제신문사, 2003, 5쪽.

오비스 인사이트, 〈직장인 대상 설문조사: 재택근무 원격 커뮤니케이션, 어땠나요?〉, 2022.6., https://ovice.in/ko/blog_insight_10/

에이미 에드먼슨, 《두려움 없는 조직》, 최윤영 옮김, 다산북스, 2019, 22쪽.

〈[EN] 고요의 바다를 본 건축가와 과학자의 반응? 고요의 바다 아직 안 본 당신을 위한 감상 포인트! | 넷플릭스 시리즈 feat. 심채경 박사〉, 셜록현준, 2021.12.31, https://youtu.be/q6elX8sWom0

톱다운과 보텀업의 조합

〈다시 솔직해질래, 이대로 관료주의 길 갈래〉, 《매일경제》, 2021.12.23.

〈입사 첫 날 만나는 토스 문화 소개 문서〉, 토스 피드, https://blog.toss.im/article/toss-team-culture

〈"브라이언, 그건 아닌 것 같아요"…신입 사원도 거침없는 카카오 문화〉, 《매거진 한경》, 2019.10.22.

〈불편한 질문, 유튜브 출연…소통왕 자처한 유영상 SKT CEO〉, 《이데일리》, 2022.5.1.

우아한형제들 사내 온라인 타운홀매거진, 〈크리에이티브부문 No.1〉, 글: 조영은, 인터뷰이: 한명수.

우아한형제들 사내 온라인 타운홀매거진, 〈오프라인 타운홀담당자 칼퇴보장문서 No.5〉, 글: 이지은, 인터뷰이: 김효선.

매튜 룬, 《픽사 스토리텔링》, 박여진 옮김, 현대지성, 2022, 98쪽.

심리적 안정감을 키우는 일터의 조건

에이미 에드먼드슨, 《두려움 없는 조직》, 최윤영 옮김, 다산북스, 2019, 42쪽.

앞의 책, 89쪽.

〈The five keys to a successful Google team〉, re:Work, https://rework.withgoogle.com/blog/five-keys-to-a-successful-google-team/

에드 캣멀, 에이미 월러스, 《창의성을 지휘하라》, 윤태경 옮김, 와이즈베리, 2014, 268쪽.

앞의 책, 132~136쪽.

라즐로 복, 《구글의 아침은 자유가 시작된다》, 이경식 옮김, 알에이치코리아, 77쪽.

단체 채팅방의 새로운 도약

신수정, 《일의 격》, 턴어라운드, 2021, 242~243쪽.

에릭 슈미트 외 2인, 《빌 캠벨, 실리콘밸리의 위대한 코치》, 김영사, 2020, 66~67쪽.
김혼비, 《다정소감》, 안온북스, 2021, 152쪽.

우리 회사만의 언어는 왜 필요한가
〈직원 니즈 반영한 네이버 신사옥, 기획의 핵심은〉, 《폴인》, 2022.8.29.
김지수, 《일터의 문장들》, 해냄, 2021, 228쪽.

조용한 사직 열풍, 오래 가는 조직의 힘
〈1,200명 직원이 대가족처럼 일하는 회사〉, 《티타임즈》, 2020.3.23.
벤 호로위츠, 《최강의 조직》, 김정혜 옮김, 한국경제신문사, 2021, 39~40쪽.
김지수, 《일터의 문장들》, 해냄, 2021, 228쪽.

강한 팀워크의 원천, 소속 신호
대니얼 코일, 《최고의 팀은 무엇이 다른가》, 박지훈 옮김, 웅진지식하우스, 2018, 30쪽.
앞의 책, 95쪽.
〈[2021년 7월호] 버즈빌리언 매거진: 원활한 협업의 원동력, 인정과 감사〉, 버즈빌리지, 2021.7.22., https://www.buzzvil.com/ko/blog/view/329

주도하지 말고 함께하라
백기복, 《조직행동연구》, 창민사, 2011, 80~81쪽.

만나고 부딪히고 충돌하라
매튜 룬, 《픽사 스토리텔링》, 박여진 옮김, 현대지성, 2022, 190쪽.
〈구글 신사옥 '150초 안에 직원들 마주치게' …소통 유발〉, 《조선일보》, 2013.5.3.
김지수, 《일터의 문장들》, 해냄, 2021, 226쪽.
〈하이브리드 사무실 디자인하기〉, 《하버드비즈니스리뷰》, 2021, 3~4월호.

태도가 전부다

이나모리 가즈오, 《왜 일하는가》, 김윤경 옮김, 다산북스, 2021, 75쪽.

신수정, 《일의 격》, 턴어라운드, 2021, 50쪽.

장인성, 《마케터의 일》, 북스톤, 2018, 166~167쪽.

〈유퀴즈 온 더 블록〉 126화, 2021.10.13.

일하는 사람들의 팀플레이

신수정, 《일의 격》, 턴어라운드, 2021, 50쪽.

톰 드마르코. 티모시 리스터, 《피플웨어》, 박재호 옮김, 인사이트, 2014, 172~173쪽.

김신지, 《기록하기로 했습니다》, 휴머니스트, 2021, 58쪽.

일 잘하는 회사를 만드는 기록의 힘

이승희, 《기록의 쓸모》, 북스톤, 2020, 70쪽.

사진 출처

- 43, 116~117, 142~143, 174~175, 206, 208, 214, 220, 238~239, 279, 294~295 ⓒ나하나
- 177, 223, 247 ⓒ우아한형제들 피플실
- 62~63, 177 ⓒ우아한형제들
- 131, 180 ⓒ배민다움투데이